foie gras et confits

les meilleures recettes

Annie PERRIER-ROBERT

Dormonval
CH – LUCERNE

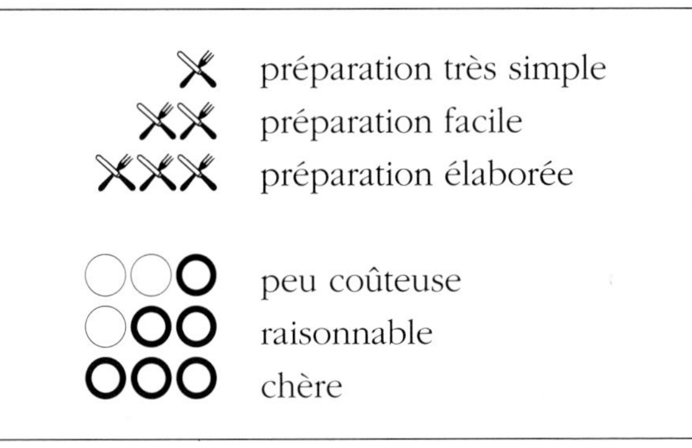

Photographies : SAEP/Jean-Luc SYREN et Christophe GABLE.

Coordination : SAEP/Éric ZIPPER.

Composition et photogravure : SAEP/Arts Graphiques.

Impression : Union Européenne.

Conception : SAEP CRÉATION
68040 INGERSHEIM - COLMAR

Déjà consommé dans les temps anciens, dès lors que l'engraissement des volailles a été pratiqué, le foie gras est longtemps resté l'apanage de la cuisine familiale. Il ne serait apparu sur les marchés qu'au cours de la seconde moitié du XVIIe siècle et, à la fin du XVIIIe siècle, se serait enrichi de l'arôme inégalable de la truffe. C'est, en effet, au siècle des Lumières que les cuisiniers ont commencé de s'intéresser à lui et ont concocté certaines de ses grandes recettes, tels le pâté (« terrine ») de foie gras d'oie et le non moins fameux pâté de foie gras en croûte, bientôt porté au rang de spécialité alsacienne.

Les foies gras de Strasbourg et de Toulouse étaient alors les plus réputés, mais la production du Périgord et des régions voisines allait bénéficier de l'introduction de la culture du maïs dans le Sud-Ouest et donc d'une nourriture de qualité pour les volailles. En ce début de troisième millénaire, en dépit de la concurrence des foies gras étrangers, la France demeure la terre de prédilection de ce prestigieux produit de notre gastronomie : l'Aquitaine, les régions Midi-Pyrénées et Limousin ainsi que l'Alsace en perpétuent la tradition.

À l'instar du foie gras, qui peut aujourd'hui ignorer le confit ? Cette spécialité est sortie du cadre rural et familial où elle est née pour s'inscrire au menu des restaurants du Sud-Ouest et d'ailleurs. Périgord, Landes, Quercy, Gascogne... Là où se pratique l'élevage des oies et des canards, le confit règne en seigneur. Et cela de longue date. Elle avait, à l'origine, pour but de conserver les volailles, notamment au cours de la période hivernale. Pour être savoureuse, la préparation n'en était pas moins roborative et aidait à supporter les frimas. De nos jours, où l'homme n'est plus confronté à ce type de problème, elle vaut pour sa seule saveur. Et celle-ci est incomparable...

LE FOIE GRAS

CHOISIR LE FOIE GRAS CRU

Rien ne vaut le foie gras cru que l'on peut acheter sur les marchés des terroirs producteurs, voire, emballé sous vide, chez certains commerçants de toutes régions. Mais encore faut-il savoir le choisir. Car il doit être de qualité. Meilleure est celle-ci, moins le foie risque de fondre à la cuisson.

Les critères de choix sont :

• l'aspect. Le foie est bombé, luisant, crémeux, bien sain, sans la moindre trace de coup et d'un grain très fin. Il est ferme au toucher ; le fait que le doigt s'enfonce indique qu'il est graisseux et qu'il va fondre à la cuisson. Ses lobes sont bien détachés. Sa couleur s'inscrit entre l'ivoire rosé et le jaunâtre ; éviter les foies presque blancs, car cela signifie qu'ils ont fait un séjour dans de l'eau froide ;

• l'odeur, qui doit être douce et agréable ;

• le poids. Pour une qualité optimale, il doit être compris entre 450 et 500 g pour le foie de canard, 700 et 800 g pour le foie d'oie. Un foie trop gros est de moindre saveur.

Par ailleurs, il faut savoir que :

• le foie gras de canard est plus « rustique » au regard des spécialistes ; son goût plus marqué évoque le terroir. En outre, il est plus friable que le foie gras d'oie et fond plus à la cuisson ;

• le foie gras d'oie montre plus de finesse au niveau de la saveur et de l'arôme ; il se caractérise par douceur et onctuosité.

PARER LE FOIE GRAS

• Mettre le foie dans un saladier, le couvrir d'eau ou de lait froid et le laisser dégorger pendant 2 à 4 heures (1). Bien l'égoutter ensuite et le sécher avec un linge.

• Retirer le fiel et la partie verdâtre (2).

• Écarter les deux lobes pour ouvrir le foie (3).

• Soulever délicatement les vaisseaux sanguins avec la pointe d'un petit couteau d'office et les retirer (4).

• Palper le foie du bout des doigts pour le débarrasser des nerfs indésirables.

• Reformer le foie dénervé.

• Peser le foie (5) pour pouvoir réaliser la recette sans erreur d'appréciation de son poids.

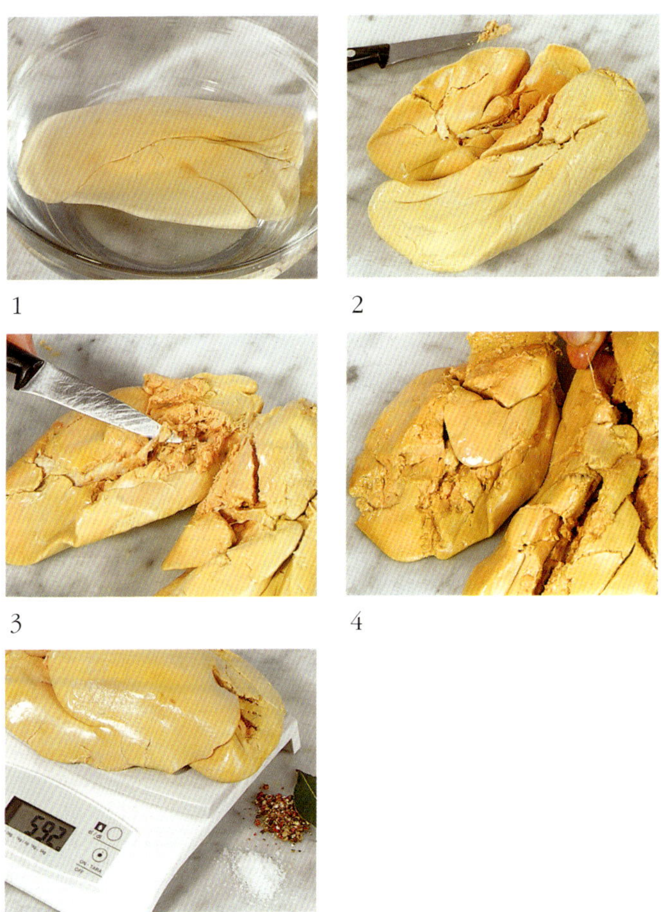

1 2 3 4 5

ASSAISONNER LE FOIE GRAS

L'assaisonnement est essentiel, mais doit être effectué avec d'infinies précautions sous peine de nuire à la saveur finale. Les proportions à respecter sont de 13 à 20 g de sel et de 4 à 5 g de poivre par kilogramme de foie gras, suivant son goût. Certains ajoutent au mélange sel-poivre 4 g de sucre, pour atténuer une éventuelle amertume et garder au foie sa jolie couleur rosée. Par ailleurs, se limiter à 2 pincées de quatre-épices ou de noix de muscade râpée, même si ces deux types d'épices se marient parfaitement avec le foie gras.

Quant à l'alcool utilisé pour la macération du foie gras (cognac, porto ou madère), 25 cl suffisent pour un foie gras de 500 à 800 g.

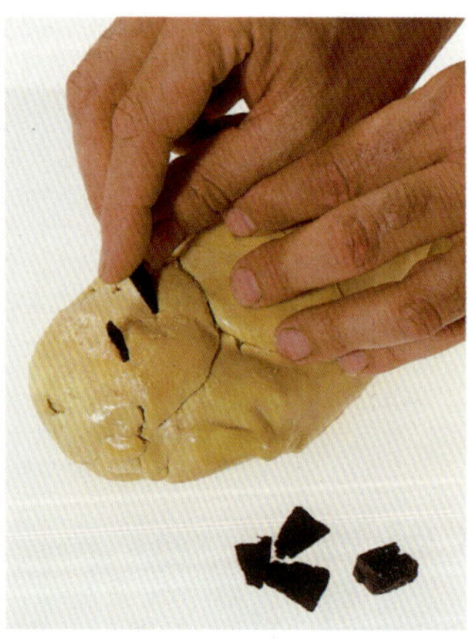

TRUFFER LE FOIE GRAS

Pour cela, inciser le foie en divers endroits, puis insérer des lamelles de truffes dans ces incisions. On peut aussi le piquer (« clouter ») de truffes coupées en petits bâtonnets.

DÉCOUPER LE FOIE GRAS CRU

- L'escalope de foie gras a généralement 3 à 4 mm d'épaisseur. Elle pèse environ 80 g. Elle est parfois appelée « médaillon ».
- La tranche de foie gras peut atteindre 1 cm d'épaisseur.

CUIRE LE FOIE GRAS

• Le foie gras cru doit être cuit le plus rapidement possible. S'il est emballé sous vide, sa conservation va jusqu'à huit jours.

• Un foie gras cuit à point est rosé et doit être souple sous la pression du doigt. Le respect des temps de cuisson est donc primordial.

• Si on fait cuire soi-même le foie gras avant de réaliser une recette mettant en jeu du foie gras cuit, avoir à l'esprit qu'il faut à peu près 500 g de foie gras cru pour obtenir 300 g de foie gras cuit.

CONSERVER LE FOIE GRAS

• Pour la confection d'une terrine de foie gras, choisir un contenant d'un volume à peine plus grand que le foie.

• Lorsque les foies sont petits, mieux vaut garnir plusieurs petits bocaux (à caoutchouc ou à capsule) qu'un grand bocal que l'on n'est pas certain de consommer en une seule fois. Or, une fois un bocal ouvert, son contenu ne se conserve pas longtemps.

• Les bocaux stérilisés se conservent au-delà de six mois dans un endroit sec et frais, mais bien plus longtemps s'ils sont entreposés au réfrigérateur. L'essentiel est de faire figurer la date de stérilisation sur les bocaux.

SAVOIR ACHETER LE FOIE GRAS CUIT

La plénitude de la dégustation est indissociable d'un choix éclairé. Au moment de l'acquisition du produit, la vigilance est de rigueur, voire la méfiance, car, pour ce produit raffiné, promotions et prix « accrocheurs » ne peuvent être synonymes de « haut de gamme ». Il est donc indispensable de savoir ce que recouvrent les diverses appellations auxquelles doivent se soumettre les « conserveurs », qu'ils soient fabricants ruraux ou qu'ils appartiennent aux célèbres maisons artisanales des diverses capitales du foie gras.

« Mi-cuit », le foie est au summum de sa saveur ; ce sont, d'ailleurs, les plus beaux foies qui sont destinés à cette présentation en semi-conserve. Ne devant pas être soumis à une nouvelle cuisson, le foie se consomme rapidement, dans les deux à trois semaines qui suivent sa fabrication, et se conserve au frais. S'il a été emballé sous vide, sa « durée de vie » n'est guère supérieure, au réfrigérateur, mais s'il a subi une pasteurisation, elle est de six mois.

« Cuit » et stérilisé, le foie en conserve (bocal ou boîte) perd un peu de sa saveur par suite de la cuisson. En revanche, il supporte une longue conservation ; il gagne même à être conservé une année ou deux.

Dans le cas du foie gras cuit, l'étiquette doit comporter, outre le nom du fabricant, des indications précises : ingrédients, date limite de consommation, température de conservation, identification du lot de fabrication et, bien évidemment, figure la dénomination du produit, qu'il vienne de l'oie ou du canard. Le *Foie gras entier de...* est constitué d'un ou de deux lobes de foie, selon la taille du contenant (500 à 800 g). Le *Foie gras de...* est composé de morceaux de lobe de foie agglomérés. Il peut être 100 % « foie gras », mais aussi être entouré d'une barde de lard (qui ne doit pas dépasser 10 à 15 % du poids total).

S'il s'agit d'un *Bloc de foie gras*, le produit comprend au moins 50 % de foie d'oie ou 35 % de foie de canard, le reste correspondant à la pâte de foie liant les morceaux. *Pâté de foie gras, Terrine de foie gras, Purée de foie gras, Mousse de foie gras, Crème de foie gras...* Toutes ces dénominations désignent des produits faits de morceaux de foies d'oie ou de canard, agglomérés et moulés et pouvant inclure jusqu'à 25 % d'autres composants (viande, farce, etc.). La graisse employée pour couvrir la préparation ou pour confectionner la farce n'est pas prise en compte dans cette préparation. En ce qui concerne la *Purée de foie gras* et la *Crème de foie gras*, l'utilisation de matières amylacées (5 % au plus) est autorisée ; toutefois, le fabricant n'est pas contraint d'en faire mention sur l'étiquette.

Quelle que soit l'appellation, le foie gras peut être truffé, et, dans ce cas, il doit comprendre au moins 3 % de truffes.

Enfin, si le mot *gras* n'apparaît pas — *Pâté de foie, Purée de foie, Mousse de foie* —, le produit (d'oie ou de canard) renferme au moins 50 % de farce ne provenant pas du foie de la volaille concernée.

DE LA DIVERSITÉ DES GOÛTS

Chaque région a ses préférences. Ici, on l'aime assez cuit (c'est le cas de la région toulousaine). Là, peu cuit (en Alsace, par exemple). Là, plutôt onctueux, à la façon landaise. D'autres, encore, estiment que le foie gras doit être frais, juste assez cuit et servi refroidi et qu'il ne peut en être autrement. Certes, la tradition a force de loi. Mais le foie gras a aussi su s'adapter à l'évolution des goûts et des modes. Si le foie gras d'oie a longtemps régné sans partage, le foie gras de canard s'est imposé depuis le dernier quart du XXe siècle... Si le foie gras se dégustait naguère froid ou en brioche, il est aujourd'hui souvent apprêté chaud. Sa « cuisine » s'est ouverte aux innovations et aux mariages de saveurs les plus variés.

SERVIR LE FOIE GRAS « AU NATUREL »

Les avis sont partagés quant au moment où le foie gras doit être présenté à table. Au début du repas ? Ou plutôt en point d'orgue, pour clore le menu en finesse et en élégance ? En fait, la truffe a son mot à dire. Les puristes considèrent qu'en ouverture d'un repas le foie gras ne doit pas être truffé et qu'au contraire, truffé, il en constitue l'apothéose.

Il n'existe pas de règle de service bien précise. Autrefois, il était d'usage de tailler le foie gras en tranches à l'aide d'un couteau d'argent ou de vermeil tiédi. On offrait, à part, des tranches de brioche mousseline dressées sur une serviette. Aujourd'hui, voici les secrets d'une dégustation réussie :

- prévoir 50 à 100 g de foie gras par personne suivant la composition du menu ;
- démouler le foie gras très froid, la veille du jour de sa consommation. Le placer sur une assiette que l'on recouvre d'une feuille d'aluminium et le réserver au réfrigérateur (partie haute) ;
- émincer le foie gras en tranches avec un couteau à lame étroite, mais éviter de plonger la lame du couteau dans de l'eau chaude, car cette pratique dénature un peu la couleur des tranches ;
- pour le service sur assiette, dresser une tranche sur l'assiette et décorer avec des dés de gelée. Une présenta-

tion raffinée suppose qu'on accompagne aussi le foie de 12 g de truffe, coupée selon son choix (lamelles, bâtonnets, dés) ;

• pour le service sur un plat, présenter le foie gras sur une chiffonnade de laitue ou sur de la feuille de chêne. Décorer avec des dés de gelée ;

• dans les deux cas, l'accompagner de toasts chauds ou, mieux, de tranches de pain de campagne grillées que l'on répartit dans les plis d'une serviette pour les garder au chaud ;

• si on souhaite accompagner le foie gras d'une salade — ce qui n'est toutefois pas conseillé —, ne le faire qu'en fin de repas. En outre, la seule salade qui peut convenir, ainsi que l'indique le gastronome James de Coquet, est « la mâche agrémentée de bâtonnets de céleri ». Surtout, exclure laitue, batavia, chicorée et endives…

DES ASTUCES POUR PETIT BUDGET

• *Si la préparation requiert de réduire le foie gras en purée, utiliser des morceaux ou des déchets de foie gras.*

• *Pour les farces, remplacer le foie gras par de la mousse de foie gras.*

• *Lorsqu'on ne dispose que d'une très petite quantité de truffe (40 g environ), il est préférable de les hacher pour qu'elles expriment au maximum leur arôme.*

• *Substituer aux truffes prévues pour la décoration des olives noires dénoyautées, entières ou coupées en deux, voire en petits bâtonnets.*

• *Dans la confection des sauces, remplacer les truffes par des pelures de truffes, qu'on trouve en boîtes dans le commerce.*

QUE BOIRE AVEC LE FOIE GRAS ?

• En début de repas, le foie gras s'allie bien avec un vin blanc servi frais, tel qu'un tokay d'Alsace (ou pinot gris) bien corsé, un gewurztraminer délicieusement fruité, un meursault au bouquet incomparable, un chablis premier cru, mais aussi avec un champagne brut. Toutefois, l'usage lui associe traditionnellement un vin blanc doux, comme l'inimitable sauternes ou des vins qui, pour être moins prestigieux, n'en conviennent pas moins parfaitement à ce produit raffiné (monbazillac, de la région de Bergerac ; barsac, loupiac et sainte-croix-du-mont, du Bordelais ; montlouis, de Touraine ; coteaux-du-layon, d'Anjou ; jurançon, du Sud-Ouest, etc.).

• Servi après le plat principal, il se marie parfaitement avec un vin blanc doux (voir ci-dessus), servi frais. Certains gourmets n'hésitent pas à l'accompagner d'un vin rouge charnu et capiteux, comme les crus de la Côte de Beaune (pommard, beaune, etc.), de certains vins à la fois charpentés et subtils du Bordelais (pomerol, graves, etc.) ou de certaines appellations des côtes-du-rhône (côte-rôtie, châteauneuf-du-pape, etc.).

• Quelle que soit sa place dans le menu, on peut préférer lui associer un excellent « vin viné » (banyuls, maury, beaumes-de-venise, pineau des Charentes, muscat du cap Corse, etc.) ou un porto millésimé, servi chambré.

• Si du porto ou du madère entre dans la préparation du foie gras, reprendre le même vin pour la dégustation.

Bien évidemment, ces accords sont valables pour toutes les préparations à base de foie gras, à moins qu'un vin particulier soit employé pour la confection du plat. Si tel est le cas, servir le même vin à table.

Fond brun de veau

200 g de tomates / 2 carottes / 2 gros oignons / 2 gousses d'ail / 500 g de jarret de veau (taillé en cubes) / 500 g d'os de veau (concassés en menus morceaux) / 100 g de couennes / 1 bouquet garni / Gros sel.

Prép. : 40 min – Cuiss. : 3 h   Pour 1 l de fond

Peler les tomates, les épépiner et les concasser. Éplucher les carottes et les émincer en rondelles. Peler l'oignon et l'émincer en lamelles. Peler les gousses d'ail et les hacher menu.

Faire colorer le jarret et les os, à sec, dans un plat à rôtir au four à 240 °C (th. 8) pendant une quinzaine de minutes. Ajouter les carottes, les oignons et les couennes. Laisser le tout suer pendant 10 minutes.

Mettre ensuite tous ces ingrédients dans une marmite. Mouiller avec 2 l d'eau froide. Ajouter les tomates, l'ail et le bouquet garni. Porter à ébullition sur feu très doux. Laisser frémir pendant 3 heures.

Écumer fréquemment en cours de cuisson.

Passer le fond au chinois. Le laisser reposer avant de le dégraisser. Le passer à nouveau au chinois.

- *Les tomates fraîches peuvent être remplacées par 1 cuillerée à soupe de concentré de tomates.*
- *Le fond peut être conservé au réfrigérateur pendant quelques jours, mais il est préférable de le congeler.*
- *On trouve aujourd'hui du fond de veau tout prêt dans le commerce.*

Fond de veau lié

30 g de fécule de pommes de terre / 1 l de fond de veau (p. 12).

Pour 8 dl Prép. : 5 min – Cuiss. : 1 h 

Délayer la fécule dans un peu de fond froid. Incorporer l'ensemble peu à peu, en fouettant sans arrêt, dans le fond porté à ébullition. Le fond doit ensuite réduire sur feu moyen pendant 1 heure. Passer au chinois.

L'arrow-root peut remplacer la fécule. Pour parfumer le fond, le liquide servant à délayer la fécule ou l'arrow-root peut être du madère, du vin blanc, etc.

Glace de viande

1 l de fond de veau (p. 12).

Pour 4 dl Prép. : 5 min – Cuiss. : 2 h 

Porter le fond de veau à ébullition et laisser réduire, sur feu doux, sans cesser d'écumer, jusqu'à ce qu'il devienne sirupeux et prenne une couleur foncée.

Une fois passée au chinois, la glace devient ferme en refroidisssant.

La glace de viande confère moelleux et arôme aux sauces qu'elle vient renforcer. Elle se conserve très bien au réfrigérateur.

Sauce demi-glace

Pour la confection du fond : *5 carottes / 5 gros oignons / 5 gousses d'ail / 3,750 kg d'os de veau et de bœuf (concassés en menus morceaux) / 250 g de couennes / 1 gros bouquet garni.*
Pour la confection de la sauce espagnole : *50 g de lard de poitrine / 1 carotte / 1 gros oignon / 15 cl de concentré de tomates / 1 bouquet garni / 120 g de roux brun.*

Pour 1/2 l

Première phase : confection du fond
Prép. : 30 min – Cuiss. : 5 h

Éplucher les carottes et les émincer en rondelles. Peler les oignons et les émincer en lamelles. Peler les gousses d'ail et les hacher menu.

Faire colorer les os, à sec, dans un plat à rôtir, au four à 240 °C (th. 8) pendant une quinzaine de minutes. Ajouter les carottes et les oignons et les couennes. Laisser le tout suer pendant 10 minutes.

Mettre ensuite tous ces ingrédients dans une braisière. Mouiller avec 2 l d'eau froide. Ajouter l'ail et le bouquet garni. Porter à ébullition, sur feu très doux. Laisser frémir pendant 5 heures. Écumer fréquemment en cours de cuisson.

Passer le fond au chinois. Le laisser reposer avant de le dégraisser. Le passer à nouveau au chinois.

Deuxième phase : confection de la sauce espagnole
Prép. : 30 min – Cuiss. : 8 h – Repos : 12 h

Tailler le lard en dés. Éplucher la carotte et la tailler en dés. Peler l'oignon et le ciseler.

Dans une cocotte, porter le fond à ébullition. Lui incorporer le roux brun en fouettant. Ajouter ensuite au fond le lard, la carotte et l'oignon. Porter à nouveau à ébullition. Laisser frémir, sur feu doux, pendant 3 heures. Écumer fréquemment en cours de cuisson.

Dégraisser la sauce, la passer au chinois et la laisser reposer pendant 12 heures. Remuer de temps en temps la sauce pendant son refroidissement.

12 heures plus tard, porter la sauce à ébullition. Lui mélanger le concentré de tomates. Ajouter ensuite le bouquet

garni. Laisser frémir, sur feu très doux, pendant 5 heures. Avoir soin d'écumer fréquemment en cours de cuisson.

Passer la sauce au chinois.

Troisième phase : confection de la demi-glace

Faire réduire la sauce espagnole de moitié, sur feu très doux. Écumer fréquemment en cours de réduction.

Le roux brun peut être remplacé par de la farine colorée au four et diluée dans un peu de fond froid.

Il est conseillé de procéder à tout ajout de vin ou d'alcool hors du feu, sinon il perd de son arôme.

Sauce madère

100 g de lard de poitrine de porc / 2 oignons / 5 échalotes / 50 g de beurre / 60 g de farine / 30 cl de bouillon de volaille / 1 bouquet garni / 6 cl de madère / Sel fin, poivre blanc du moulin.

Prép. : 20 min – Cuiss. : 1 h

Pour 25 cl

Tailler le lard en dés. Peler les oignons et les échalotes et les ciseler finement.

Faire fondre les oignons et les lardons dans le beurre, dans une petite cocotte, pendant quelques minutes. Les retirer et les réserver au chaud.

Saupoudrer la graisse de la cocotte avec la farine, mélanger et laisser prendre couleur, sans cesser de remuer avec une spatule en bois, pendant quelques minutes. Mouiller alors avec le bouillon. Remettre le mélange oignons-lardons. Ajouter les échalotes et le bouquet garni. Saler (légèrement) et poivrer. Laisser cuire, sur feu doux, pendant 45 minutes.

Retirer les lardons et les réserver au chaud.

Passer la sauce au chinois. Ajouter les lardons. Porter à ébullition. Retirer aussitôt la sauce du feu. En rectifier l'assaisonnement, si nécessaire. Lui ajouter le madère. Bien mélanger. Servir.

- *Le beurre peut être remplacé par de la graisse d'oie ou de canard.*
- *Si, au moment d'en vérifier l'assaisonnement, la sauce semble trop fluide, lui incorporer un morceau de beurre manié avec 15 g de farine.*
- *La sauce madère est souvent enrichie de petits champignons de Paris (200 à 250 g), nettoyés, lavés à l'eau citronnée, cuits, à couvert, dans une poêle pendant 15 minutes, avec un bon morceau de beurre, puis salés et poivrés. Ces champignons sont ajoutés à la sauce passée, en phase finale, en même temps que les lardons.*
- *Pour plus de raffinement, ajouter à la sauce, juste avant de la servir, une truffe cuite émincée.*

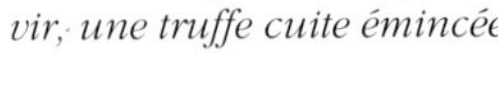

Sauce Périgueux

1/2 l de sauce demi-glace (p. 14) / 10 cl d'essence de truffe / 60 g de truffe hachée.

Pour 6 dl Prép. : 5 min 

Ajouter à la sauce demi-glace, l'essence de truffe et la truffe hachée.

Une autre formule, plus simple, consiste à faire réduire un fond brun lié (p. 13) et à lui incorporer des truffes pelées et hachées — prévoir 30 g de truffes pour 50 cl de fond brun de veau.

Cette sauce peut être liée avec un peu de foie gras.

Foie gras mi-cuit en conserve

1 foie gras d'oie ou de canard cru / Noix de muscade râpée / Sucre en poudre / Sel fin, poivre blanc du moulin.

Prép. : 20 min
Stéril. : 30 min

4 à 8 pers. suivant la taille du foie

Parer le foie gras (p. 5). Le saler et le poivrer. L'aromatiser avec 2 pincées de noix de muscade. Le saupoudrer d'une pincée de sucre.

Placer le foie dans un bocal adapté à son volume. Le tasser sans l'écraser. Fermer le bocal hermétiquement. Le stériliser à 80-85 °C pendant 30 minutes (à partir de l'ébullition).

Laisser refroidir. Entreposer ensuite ce foie gras mi-cuit au réfrigérateur ; il se conserve environ 4 mois.

Foie gras entier stérilisé

1 foie gras d'oie ou de canard cru / Fines bardes de lard / Cognac / Sel fin, poivre blanc du moulin.

Prép. : 30 min – Repos : 24 h
Stéril. : 3 h

4 à 8 pers. suivant la taille du foie

Parer le foie gras (p. 5). Le saler et le poivrer. Le mettre dans une terrine et le laisser reposer au frais pendant 24 heures.

Envelopper le foie dans des bardes de lard et le placer dans un bocal adapté à son volume. L'arroser de 2 à 6 cl de cognac suivant sa taille. Fermer le bocal hermétiquement. Le stériliser à 100 °C pendant 3 heures (à partir de l'ébullition).

Le laisser ensuite refroidir hors du stérilisateur. Le conserver dans un endroit sec et frais.

L'ajout de cognac est facultatif.

Il est possible de truffer le foie (p. 6) avant de l'envelopper dans les bardes de lard. Il n'en aura que plus d'arôme.

Foie gras en morceaux au naturel

1 foie gras d'oie ou de canard cru / 10 à 20 cl de vin moelleux suivant la taille du foie / Sel fin, poivre blanc du moulin.

4 à 8 pers. suivant la taille du foie — Prép. : 30 min – Repos : 24 h — Cuiss. : 15 min

Parer le foie gras (p. 5). Le couper en petits morceaux. Le saler et le poivrer. Le mettre dans une terrine et l'arroser de vin moelleux. Bien remuer. Laisser reposer, à couvert, au frais, pendant 24 heures.

Placer les morceaux de foie dans des bocaux de 200 g (leur nombre varie suivant la taille du foie). Les tasser pour qu'ils remplissent bien les pots et qu'il n'y ait pas de vide.

Fermer hermétiquement les bocaux et les envelopper dans un linge. Les plonger dans une marmite contenant de l'eau froide — la hauteur de celle-ci doit dépasser de 5 cm celle des bocaux. Porter à ébullition, sur feu vif. Retirer aussitôt les bocaux de la marmite. Laisser refroidir.

Entreposer les bocaux au réfrigérateur. Attendre 4 jours avant de les consommer.

Foie gras à l'ancienne

1 foie gras d'oie ou de canard cru / 1 ou 2 truffes crues (suivant la taille du foie) / Quatre-épices / 5 à 10 cl de cognac (suivant la taille du foie) / 5 à 10 cl de madère (suivant la taille du foie) / Fines bardes de lard / 1 à 2 l de fond de veau (suivant la taille du foie) (p. 12) / Gelée parfumée au madère / Sel fin, poivre blanc du moulin.

Prép. : 45 min – Repos : 18 h
Cuiss. : 20 min

4 à 8 pers. suivant la taille du foie

Parer le foie gras (p. 5). Le clouter de truffes (p. 6). Le saler et le poivrer. Le relever d'une pincée de quatre-épices. Le mettre dans une terrine. L'arroser de cognac et de madère. Le mettre dans une terrine. Le laisser reposer, à couvert, au frais, pendant 6 heures.

Envelopper le foie dans des bardes de lard, puis dans un linge (1). Bien le ficeler et le faire pocher dans le fond de veau pendant 20 minutes. Le laisser refroidir dans le liquide de pochage.

Retirer le linge et les bardes. Déposer le foie dans une terrine. Le couvrir de gelée (2). Laisser prendre au frais. Attendre 12 heures avant de consommer le foie gras.

Le démouler ou non au moment du service.

Le madère peut être remplacé par du porto, tant pour la marinade que pour la gelée.

1

2

Terrine de foie gras

1 foie gras d'oie ou de canard cru / Noix de muscade râpée (ou quatre-épices) / 15 cl d'armagnac / 200 g de farine / Sel fin, poivre blanc du moulin.

Macération : 12 à 24 h – Repos : 1 h 6 à 8 pers.
Prép. : 30 min – Cuiss. : 40 à 50 min

Parer le foie gras (p. 5). Le saler et le poivrer. Le saupoudrer d'une pincée de noix de muscade. Le placer dans une terrine. L'arroser d'armagnac. Le laisser macérer au frais pendant 12 à 24 heures, en ayant soin de le retourner à plusieurs reprises.

Laisser la terrine reposer à température ambiante pendant 1 heure. La fermer avec son couvercle et la luter avec une pâte faite de farine et d'eau (1).

Faire cuire dans un bain-marie frémissant, au four à 160 °C (th. 5-6), pendant 40 à 50 minutes suivant la taille du foie.

Envelopper la terrine dans un linge épais et la laisser complètement refroidir. Retirer l'excédent de graisse (2), la faire fondre et en napper le foie.

Conserver la terrine au réfrigérateur. Attendre 3 à 4 jours avant de la servir.

L'armagnac peut être remplacé par du porto.

Non entamée, cette terrine se conserve 3 à 4 semaines au réfrigérateur.

Une autre méthode consiste à égoutter le foie après sa macération, à tapisser la terrine d'une fine barde de lard, à déposer le foie dessus, à couvrir la terrine d'une feuille d'aluminium et à procéder à la cuisson comme ci-dessus. Une fois la terrine refroidie, on retire la barde et la graisse. On fait fondre cette dernière pour en couvrir le foie.

1

2

UNE TERRINE RÉUSSIE

• *Utiliser une terrine ovale ou ronde, en terre à feu vernissée, en grès ou en porcelaine à feu. Elle doit être pourvue d'un couvercle qui s'emboîte, pour assurer une fermeture hermétique. Ce couvercle est percé d'un trou pour évacuer la vapeur formée par la condensation à l'intérieur de la terrine.*

• *S'assurer que la température du four permet de maintenir le bain-marie frémissant, de façon régulière, du début à la fin de la cuisson.*

• *Surveiller la cuisson. Sa durée doit tenir compte de l'épaisseur de la terrine.*

• *La cuisson terminée, la graisse doit être claire et le foie, légèrement rosé.*

• *La planchette que l'on utilise pour tasser le contenu de la terrine doit s'emboîter à l'intérieur de la terrine. Le poids que l'on dépose dessus ne doit pas être trop lourd, sous peine de faire perdre son moelleux à la préparation.*

Terrine de foie gras d'oie à la strasbourgeoise

1 foie gras d'oie cru de 800 g / 10 cl de madère / 5 cl de cognac / 400 g de lard / 350 g de viande de porc maigre / 150 g de foie de veau / Quatre-épices / Bardes de lard / 2 feuilles de laurier / 2 brins de thym / Gelée parfumée au madère / Sel fin, poivre blanc du moulin.

Macération : 24 h – Prép. : 1 h — 6 à 8 pers.
Cuiss. : 1 h 10 min – Repos : 24 h

Parer le foie gras (p. 5). Le saler et le poivrer. Le placer dans une terrine. L'arroser de madère et de cognac. Le laisser macérer au frais pendant 24 heures, en ayant soin de le retourner à plusieurs reprises.

Confectionner la farce : tailler le lard en dés. Les faire rissoler à sec, dans une poêle, pendant quelques minutes. Les retirer et les réserver.

Couper la viande de porc et le foie de veau en dés. Les faire revenir dans la poêle contenant la graisse rendue par le lard pendant 5 minutes environ. Saler et poivrer. Relever avec 2 pincées de quatre-épices. Laisser refroidir.

Hacher très finement la viande de porc, le foie de veau et le lard. Ajouter au hachis la moitié de la marinade du foie gras. Rectifier l'assaisonnement, si nécessaire.

Tapisser une terrine de bardes de lard. La tapisser ensuite d'une couche de farce. Déposer dessus le foie gras. L'envelopper de farce. Couvrir avec une barde de lard. Placer dessus les feuilles de laurier et les brins de thym. Fermer la terrine avec son couvercle, qu'on a soin de luter avec une détrempe faite de farine et d'eau. Faire cuire dans un bain-marie frémissant, au four à 160 °C (th. 5-6), pendant 1 heure.

Excercer une pression sur la terrine avec une planchette sur laquelle on pose un poids. La laisser reposer ainsi pendant 12 heures.

Retirer la planchette. Dégraisser un peu la terrine. La remplir de gelée. Laisser prendre au frais.

Attendre encore 12 heures avant de consommer cette terrine. Servir dans la terrine.

Terrine de foie gras d'oie au porto

1 foie gras d'oie cru de 800 g / Gros sel / Quatre-épices / 5 cl d'armagnac / 40 cl de porto / 1 crépine de porc / Poivre blanc du moulin.

Dégorgement : 24 h — 4 à 6 pers.
Macération : 48 h – Repos : 24 h
Prép. : 50 min – Cuiss. : 10 min

Parer le foie gras (p. 5). Le mettre dans un saladier, le couvrir de gros sel et le laisser dégorger pendant 24 heures au frais.

Rincer le foie sous l'eau courante et le sécher avec un linge. Le mettre à nouveau dans un saladier. Le frotter avec un peu de poivre et 3 pincées de quatre-épices. L'arroser d'armagnac et de 5 cl de porto. Le laisser macérer au frais pendant 48 heures.

Faire tremper la crépine de porc dans de l'eau froide pendant 30 minutes. L'étaler ensuite et envelopper le foie (égoutté) dedans.

Déposer le foie dans une terrine de taille appropriée. Le couvrir avec le reste de porto. Le faire cuire, à couvert, au four à 180 °C (th. 6), pendant 9 à 10 minutes à partir du moment où le liquide frémit.

Laisser tiédir hors du four. Retirer le foie et l'égoutter. Le remettre ensuite dans la terrine propre — réserver le liquide de cuisson. Tasser le foie en exerçant une pression avec une planchette sur laquelle on pose un poids (500 g environ). Le laisser reposer ainsi pendant 12 heures.

Dégraisser le liquide de cuisson et le passer au chinois. Retirer la planchette. Verser le liquide de cuisson froid sur le foie gras.

Attendre encore 12 heures avant de consommer cette terrine.

Foie de canard à la bière

1 foie gras de canard cru de 500 g / Quatre-épices / 50 cl de bière blanche / 5 cl d'armagnac / Sel fin, poivre blanc du moulin.

Prép. : 30 min – Cuiss. : 25 min
Repos : 12 h

6 pers.

Parer le foie (p. 5). Le saler et le poivrer. Le saupoudrer d'une pincée de quatre-épices.

Déposer le foie dans une petite marmite. Le couvrir avec la bière et l'armagnac. Le faire cuire, sur feu doux, pendant 25 minutes.

Retirer le foie et le laisser refroidir. L'entreposer au réfrigérateur pendant 12 heures avant de le consommer.

Pâté de foie gras d'oie

1 foie gras d'oie cru d'environ 800 g / 400 g de foies de volaille / 400 g de graisse d'oie / 6 feuilles de sauge / 8 cl de porto / 5 cl de cognac / 200 g de saindoux / Sel fin, poivre blanc du moulin.

Bocaux de 200 g chacun	Dégorgement : 2 h Prép. : 1 h 10 min – Cuiss. : 25 min

Parer le foie gras d'oie (p. 5).

Nettoyer les foies de volaille, les passer sous l'eau courante et les sécher.

Dans une cocotte, faire fondre la graisse d'oie avec les feuilles de sauge. Ajouter le foie d'oie et les foies de volaille. Les faire revenir de tous côtés pendant 5 minutes. Saler et poivrer. Mouiller avec le porto. Laisser cuire, sur feu doux, pendant quelques minutes.

Réduire les foies d'oie et de volaille en purée au mixeur. Incorporer le cognac et travailler le tout au fouet jusqu'à obtention d'un mélange onctueux. Répartir le pâté dans les bocaux, bien secs. Couvrir de saindoux fondu. Fermer les bocaux hermétiquement et les stériliser à 100 °C pendant une vingtaine de minutes (à partir de l'ébullition).

Les bocaux de pâté doivent être conservés dans la partie basse du réfrigérateur.

Brioche au foie gras

800 g de foie gras d'oie ou de canard cru / Quatre-épices / 7,5 cl de cognac / 2 truffes / 15 g de beurre / 2 jaunes d'œufs / Sel fin, poivre blanc du moulin.
Pour la pâte à brioche : *400 g de beurre / 16 g de levure de boulanger / 1 kg de farine / 6 œufs / 1 cuil. à soupe de sel fin.*

Macération : 24 h – Repos : 2 h 30 min — 8 pers.
Prép. : 50 min – Cuiss. : 40 min

Parer le foie gras (p. 5). Le frotter de sel, de poivre et de 2 pincées de quatre-épices. L'arroser de cognac. Le laisser macérer, au frais, pendant 24 heures.

Confectionner la pâte à brioche : dans un saladier réchauffé dans l'eau chaude, déposer le beurre coupé en petits morceaux. Le travailler en crème avec une spatule en bois.

Délayer la levure dans 4 cuillerées à soupe d'eau tiède.

Verser la farine tamisée dans une terrine et y creuser un puits. Y casser les œufs, un à un. Travailler le tout. Saler. Ajouter la levure délayée et, enfin, le beurre ramolli. Bien pétrir la pâte. La laisser lever pendant 2 heures.

Peler les truffes et les émincer finement. Beurrer un plat allant au four.

Abaisser la pâte à brioche. Déposer dessus le foie gras. Garnir avec les truffes. Refermer soigneusement la pâte sur le foie — celui-ci doit être complètement enveloppé de pâte. Laisser lever pendant 30 minutes.

Dorer la brioche au pinceau avec les jaunes d'œufs délayés dans un peu d'eau. Faire cuire au four à 180 °C (th. 6) pendant 40 minutes.

Dresser la brioche sur un plat chaud. La servir aussitôt, accompagnée d'une sauce Périgueux (p. 17).

Cette brioche peut être consommée froide, telle ou enrichie de gelée. Dans le second cas, une fois qu'elle a refroidi, y couler de la gelée de volaille, par la petite cheminée que l'on a alors pris soin de percer sur le dessus de la brioche avant de la faire cuire. La gelée peut être parfumée avec la marinade réduite. Dresser la brioche sur une chiffonnade de salade et l'entourer de dés de gelée.

Foie gras en croûte

1 foie gras d'oie cru de 800 g / Quatre-épices / 10 cl de cognac / 10 cl de porto / 250 g de foie de porc / 250 g de viande de porc maigre (filet) / 250 g de parures de foie gras / 800 g de pâte à pâté (voir : poulet en pâte, p. 64) / 25 g de beurre / 1 fine barde de lard / 1 jaune d'œuf / 15 cl de gelée parfumée au porto / Sel fin, poivre blanc du moulin.

6 pers. Macération : 24 h – Prép. : 1 h 30 min
Cuiss. : 1 h au moins

Parer le foie gras d'oie (p. 5). Le saler et le poivrer. Le saupoudrer de 2 pincées de quatre-épices. Le mettre dans une terrine. L'arroser de cognac et de porto. Le laisser macérer au frais pendant 24 heures.

Hacher le plus finement possible le foie et la viande de porc, ainsi que les parures de foie gras. Saler et poivrer. Incorporer à la farce une partie de la marinade.

Abaisser les deux tiers de la pâte sur 8 mm d'épaisseur.

Beurrer une terrine et la chemiser avec l'abaisse. La tapisser ensuite de farce. Puis y déposer le foie gras, que l'on entoure avec le reste de farce. Couvrir avec la barde de lard.

Abaisser le reste de pâte et couvrir la terrine. Bien souder les bords des deux abaisses. Percer une cheminée sur le dessus du pâté pour que la vapeur puisse s'échapper. Le dorer au pinceau avec le jaune d'œuf délayé dans un peu d'eau.

Faire cuire au four à 180 °C (th. 6) pendant au moins 1 heure.

Laisser le pâté refroidir avant d'introduire la gelée dans la cheminée. Laisser prendre.

La même recette peut être réalisée avec un foie gras de canard. Mais, attention, celui-ci pèsera 500 g. Il faudra donc réduire un peu les proportions.

Foie gras à la gelée

8 fonds d'artichaut cuits (en boîte) / 40 g de beurre / 1 petite laitue / 8 tranches de foie gras truffé cuit / 300 g de gelée parfumée au porto / Sel fin, poivre blanc du moulin.

Prép. : 20 min – Cuiss. : 5 min — 4 à 6 pers.

Faire chauffer les fonds d'artichaut dans le beurre, sur feu doux, pendant quelques minutes.

Nettoyer et laver la salade, puis ciseler ses plus belles feuilles en chiffonnade. En tapisser un plat de service. Dresser dessus les fonds d'artichaut et attendre qu'ils soient tièdes pour placer sur chacun d'eux une tranche de foie gras.

Décorer le plat avec la gelée coupée en petits dés.

Servir frais.

Haricots verts et foie gras d'oie en salade

1 kg de haricots verts / 2 échalotes / 15 cl de sauce vinaigrette confectionnée avec de l'huile d'arachide et du vinaigre de Xérès / 200 g de foie gras d'oie cuit.

Prép. : 40 min – Cuiss. : 20 min — 6 pers.

Équeuter et effiler les haricots verts. Les faire cuire, à découvert, dans de l'eau bouillante salée pendant 15 à 20 minutes. Les égoutter ensuite et les déposer dans un saladier.

Peler et ciseler très finement les échalotes, puis les mélanger aux haricots verts. Arroser le mélange de sauce vinaigrette.

Couper le foie gras en fines tranches que l'on répartit sur la salade. Servir aussitôt, car les haricots doivent être consommés encore tièdes.

Veiller à ne pas faire trop cuire les haricots. Ils sont parfaits dès qu'ils ne croquent plus. Au-delà, ils ramollissent et perdent de leur saveur.

Jambon au foie gras

6 fines tranches d'un excellent jambon cuit (d'York, de préférence) / 6 tranches de foie gras cuit de 8 mm d'épaisseur / 75 cl de gelée parfumée au porto / 3 lames de truffe / 1 branche d'estragon / 36 asperges cuites / 6 œufs durs de caille / 6 tomates cerise / Pluches de cerfeuil.

6 pers. Prép. : 30 min

Découper 12 disques de même taille dans le jambon. Découper les tranches de foie gras de façon qu'elles soient identiques aux disques de jambon.

Tapisser le fond d'un plat de service d'une couche de gelée. Laisser prendre au frais.

Dresser sur une grille 6 « friandises » composées, chacune, d'une tranche de foie gras insérée entre 2 tranches de jambon. Les napper d'une fine couche de gelée. Laisser prendre au frais. Répartir dessus les lames de truffe ciselées et les feuilles d'estragon. Napper d'une seconde couche de gelée. Laisser prendre à nouveau au frais.

Déposer les aspics sur le plat. Garnir avec des asperges, des œufs durs coupés en deux et des tomates cerise. Décorer de pluches de cerfeuil.

Fonds d'artichaut à la périgourdine

3 œufs durs / 200 g de purée de foie gras cuit / 20 cl de crème fraîche / 8 fonds d'artichaut cuits / 1 truffe (en boîte) / 8 belles feuilles de laitue / Sel fin, poivre blanc du moulin.

Prép. : 15 min – Cuiss. : 10 min — 4 pers.

Séparer les blancs d'œufs des jaunes. Écraser les jaunes à la fourchette. Les mélanger avec la purée de foie gras et la crème fraîche. Saler et poivrer. Travailler le tout jusqu'à obtention d'une pâte homogène. En garnir les fonds d'artichaut.

Peler la truffe et la tailler en bâtonnets. Placer chaque fond sur une feuille de laitue. Déposer sur le dessus des bâtonnets de truffe.

Garnir le plat avec les blancs d'œufs hachés.

Servir frais.

Ramequins à la mousse de foie gras

18 œufs de caille durs / 6 lamelles de truffe (en boîte) / 240 g de mousse de foie gras / 6 pluches de cerfeuil / 50 cl de gelée parfumée au porto.

Prép. : 30 min
Réfrigération : 3 h

6 ramequins
de 9 à 10 cm de diamètre

Écaler les œufs de caille. Tailler les lamelles de truffe en bâtonnets.

Tapisser les ramequins de mousse de foie gras. Placer dessus les œufs de caille (3 par ramequin), puis les lamelles de truffes et les pluches de cerfeuil. Couvrir de gelée. Laisser prendre au réfrigérateur pendant 3 heures.

Champignons au foie gras

600 g de champignons de Paris / Le jus de 1 citron / 40 cl de crème fraîche / 150 g de foie gras cuit / Sel fin, poivre blanc du moulin.

6 pers. Prép. : 25 min – Repos : 15 min

Nettoyer les champignons, les laver rapidement et les émincer en lamelles. Les mettre dans un saladier. Les arroser avec le jus de citron pour éviter qu'ils ne noircissent. Ajouter la crème fraîche. Saler et poivrer. Mélanger délicatement.

Couper le foie gras en fines lamelles. Déposer celles-ci sur les champignons.

Laisser la salade reposer au frais pendant 15 minutes avant de la servir.

Salade d'épinards au magret de canard et au foie gras

200 g d'épinards frais (les choisir avec de jeunes feuilles croquantes) / 16 fines tranches de magret de canard fumé / 4 tranches de foie gras de canard cuit (truffé ou non) / 12 œufs de caille durs / 8 tomates cerise / 32 cerneaux de noix / 15 cl de sauce vinaigrette confectionnée avec de l'huile de noix.

4 pers. Prép. : 20 min

Nettoyer les épinards, les laver et les sécher, puis les ciseler en chiffonnade.

Sur 4 grandes assiettes individuelles, répartir harmonieusement les épinards, les tranches de magret, les tranches de foie gras, les œufs de caille (écalés et coupés en deux), les tomates cerise et les cerneaux de noix. Arroser les épinards de sauce vinaigrette.

Servir avec des tranches de pain de campagne grillées en accompagnement.

Noix de coquilles Saint-Jacques au foie gras

24 noix de coquilles Saint-Jacques / 500 g de salades variées / 2 avocats / Le jus de 1/2 citron / 20 g de beurre / 300 g de foie gras cru (de préférence d'oie) / Sauce vinaigrette à l'huile d'olive additionnée de 5 cl de crème fraîche / Sel fin, poivre.

Prép. : 30 min – Cuiss. : 5 à 6 min 6 pers.

Nettoyer les noix de coquilles Saint-Jacques, les laver et les égoutter.

Nettoyer la salade et la laver. Couper la chair des avocats en lamelles. Les arroser avec du jus de citron.

Tapisser 6 assiettes de salade. Répartir dessus les lamelles d'avocat.

Faire revenir les noix de coquilles Saint-Jacques dans le beurre pendant 3 minutes. Les saler et les poivrer. Les émincer aussitôt en lamelles. Les disposer sur les assiettes.

Parer le foie gras (p. 5) et le tailler en dés. Le faire rissoler à sec dans une poêle, sur feu vif, pendant 2 minutes. Puis le répartir sur les assiettes.

Arroser la salade de sauce vinaigrette. Servir aussitôt, avec des toasts grillés en accompagnement.

Œufs pochés mascotte

100 g de mousse de foie gras / 4 beaux fonds d'artichaut cuits / 4 œufs / 10 cl de vinaigre de vin / 2 lames de truffes / Gelée (facultatif) / Sel fin, poivre blanc du moulin.

4 pers. Prép. : 20 min – Cuiss. : 3 min

Étaler de la mousse de foie gras sur chaque fond d'artichaut froid et assaisonné.

Faire pocher les œufs dans 2 l d'eau frémissante, légèrement vinaigrée, pendant 3 minutes. Les laisser refroidir dans de l'eau.

Parer les œufs, les égoutter et les placer sur les fonds d'artichaut. Décorer avec les lames de truffes taillées en petits bâtonnets. Éventuellement, lustrer avec un peu de gelée.

Servir frais.

Les bâtonnets de truffe peuvent être remplacés par des feuilles d'estragon ciselées.

Bouchées au foie gras

100 g de champignons de Paris / 25 g de beurre / 100 g de foie gras cuit / 80 g de langue de bœuf cuite à l'écarlate / 2 truffes (en boîte) / 40 cl de sauce madère (p. 16) / 4 bouchées en pâte feuilletée cuites / 1 bouquet de cerfeuil.

Prép. : 30 min – Cuiss. : 10 min — 4 pers.

Nettoyer les champignons de Paris. Les tailler en dés et les faire sauter dans le beurre pendant 5 minutes.

Couper en dés le foie gras et la langue. Peler les truffes et les tailler également en dés.

Mélanger foie gras, langue, champignons, truffes et sauce madère. Faire chauffer quelques minutes sur feu doux.

Remplir les bouchées, bien chaudes, avec la préparation. Les dresser sur un plat chaud. Garnir de cerfeuil. Servir aussitôt.

Pâtés au foie gras

25 g de mie de pain / 1 cuil. à soupe de bouillon de volaille / 150 g de restes d'une terrine de foie gras / 3 jaunes d'œufs / 300 g de pâte feuilletée.

Prép. : 30 min – Cuiss. : 15 min — Pour 12 pièces environ

Mouiller la mie de pain avec le bouillon. La presser. La mélanger avec le foie gras écrasé. Ajouter 2 jaunes d'œufs et travailler le tout de façon à obtenir une farce homogène.

Abaisser la pâte feuilletée sur 5 mm d'épaisseur. Y découper 24 disques de 7 à 8 cm de diamètre. Déposer sur la moitié d'entre eux une boulette de farce de la taille d'une noix. Couvrir avec les disques non garnis. Bien souder le pourtour en faisant pression.

Dorer les petits pâtés avec le jaune d'œuf restant, délayé dans un peu d'eau chaude. Faire cuire au four à 200 °C (th. 6-7), pendant 15 minutes. Servir aussitôt.

Le bouillon peut être remplacé par de la crème fraîche liquide.

Foie braisé aux truffes

1 foie gras d'oie ou de canard cru / 70 g de beurre / 150 g de truffes émincées en lamelles / 15 cl de fond de volaille / Quatre-épices / 40 g de farine / 1 citron / Sel fin, poivre blanc du moulin.

Prép. : 30 min – Cuiss. : 40 min 6 à 8 pers.

Parer le foie (p. 5). Dans une cocotte, dont la taille doit être en rapport avec celle du foie, le faire raidir dans 30 g de beurre pendant 5 minutes. Ajouter les lamelles de truffes. Mouiller avec le fond de volaille. Saler et poivrer. Aromatiser avec une pincée de quatre-épices. Laisser cuire, à couvert, sur feu doux, pendant 30 à 35 minutes.

Retirer le foie, le dresser sur un plat et le réserver au chaud.

Lier le jus de cuisson avec le reste de beurre, préalablement manié avec la farine. Ajouter le jus de 1/2 citron. Napper le foie avec la sauce aux truffes obtenue — elle doit être courte et dorée.

Garnir avec de fines rondelles de citron.

Servir aussitôt.

Foie d'oie en cocotte

1 foie gras d'oie cru / 2 truffes émincées en lamelles / 10 cl de cognac / 60 g de beurre / 10 cl de vin blanc sec / 8 cl de fond de volaille / 25 cl de sauce madère (p. 16) / Sel fin, poivre blanc du moulin.

6 pers. Macération : 2 h 30 min – Prép. : 30 min
Cuiss. : 1 h 15 min

Parer le foie (p. 5). Le truffer (p. 6). Le saler et le poivrer. Le faire macérer avec le cognac pendant 2 heures et demie.

Égoutter le foie. Dans une cocotte, dont la taille doit être en rapport avec celle du foie, le saisir dans le beurre pendant 5 minutes. Le retirer ensuite et le réserver. Déglacer la cocotte avec le cognac de la marinade et le vin blanc. Ajouter le fond de volaille. Porter à ébullition. Laisser réduire de moitié, sur feu vif, avant de passer ce jus au chinois.

Remettre le jus dans la cocotte. Y déposer le foie. Faire cuire, à couvert, au four à 120 °C (th. 4), pendant 50 minutes.

Dresser le foie sur un plat chaud. Le servir aussitôt, accompagné d'une saucière de sauce madère bien chaude.

Foie gras aux champignons de Paris

1 foie gras d'oie ou de canard cuit / 400 g de petits champignons de Paris (« boutons ») / Le jus de 1/2 citron / 125 g de lard maigre / 80 g de beurre / 25 g de farine / 40 cl de fond de volaille / 1 belle truffe (et le jus de sa boîte) / 9 cl de madère / Sel fin, poivre blanc du moulin.

Prép. : 40 min – Cuiss. : 45 min 6 à 8 pers.

Parer le foie gras (p. 5).

Nettoyer soigneusement les champignons et les arroser de jus de citron pour les empêcher de noircir.

Tailler le lard en dés. Le faire rissoler dans 30 g de beurre, dans une sauteuse, sur feu moyen, pendant quelques minutes. Le saupoudrer de farine. Bien mélanger. Laisser prendre légèrement couleur. Mouiller alors avec le fond de volaille. Laisser cuire, à couvert, sur feu doux, pendant 20 minutes.

Pendant ce temps, faire cuire les champignons dans le reste de beurre, dans une poêle, à couvert, pendant 20 minutes. Les saler et les poivrer.

Mettre le foie gras dans la sauteuse où se trouve la sauce aux lardons. Ajouter les champignons. Laisser cuire, à couvert, sur feu doux, pendant 20 minutes.

Dresser le foie sur un plat chaud. L'entourer des champignons. Réserver au chaud.

Peler la truffe et l'émincer en lamelles.

Passer le liquide de cuisson au chinois. Lui incorporer le madère. Ajouter les lamelles de truffe et son jus. Rectifier l'assaisonnement, si nécessaire. Laisser réduire, sur feu doux, pendant 5 minutes.

Napper le plat avec la sauce au madère. Servir aussitôt.

Foie d'oie à la gasconne

1 foie gras d'oie de 800 g / 3 grosses pommes (Golden, de préférence) / 40 g de beurre / 20 cl de crème fraîche / 8 cl de Floc de Gascogne rouge / Sel fin, poivre blanc du moulin.

6 à 8 pers. Prép. : 30 min – Cuiss. : 40 min
Repos : 15 min

Parer le foie (p. 5). Le saler et le poivrer. Le placer dans une petite cocotte en fonte. Le faire cuire, à couvert, au bain-marie, au four à 200 °C (th. 6-7), pendant 40 minutes. Le laisser ensuite reposer, à découvert, pendant 15 minutes.

Peler les pommes, en retirer le cœur et les émincer en fines lamelles. Les faire rissoler dans le beurre, dans une poêle, pendant 10 minutes. Leur mélanger délicatement la crème fraîche. Arroser de Floc de Gascogne. Saler et poivrer.

Couper le foie en tranches et le dresser sur un plat chaud. L'entourer des pommes. Le napper de sauce. Servir aussitôt.

Foie de canard sauce aux truffes

1 foie gras de canard cru de 500 g / 2 carottes / 1 oignon / 150 g de truffes crues / 1 fine barde de lard / 1 bouquet garni / 70 cl à 1 l de fond de volaille (suivant la taille de la cocotte) / 120 g de beurre / 40 g de farine / 9 cl de madère / 1 grande tranche de pain de campagne / Sel fin, poivre blanc du moulin.

Prép. : 1 h – Cuiss. : 1 h 30 min 6 pers.

Parer le foie (p. 5).

Peler les carottes et l'oignon, puis les ciseler très finement. Peler les truffes et les émincer en lamelles.

Tapisser le fond d'une petite cocotte avec la barde de lard. Déposer dessus les carottes, l'oignon et le bouquet garni. Placer ensuite le foie gras. L'arroser avec 5 cl de fond de volaille. Saler et poivrer. Faire chauffer, à couvert, sur feu doux, pendant 5 minutes. Enfin, mouiller à hauteur avec du fond de volaille. Poursuivre la cuisson, à couvert, sur feu doux, pendant 30 minutes.

Retirer le foie, l'égoutter et le réserver au chaud. Dégraisser son jus de cuisson.

Confectionner un roux avec 40 g de beurre et la farine. Lui incorporer peu à peu le jus de cuisson du foie passé au chinois. Saler et poivrer. Laisser réduire la sauce, sur feu très doux, pendant 30 minutes.

Faire fondre 50 g de beurre dans une casserole. Y faire revenir les truffes pendant 2 à 3 minutes. Les arroser de madère. Laisser mijoter, à couvert, pendant 10 minutes. Ajouter la sauce à base de roux. Mélanger. Rectifier l'assaisonnement, si nécessaire. Y mettre enfin le foie gras. Le laisser réchauffer, sur feu doux, pendant 10 minutes.

Pendant ce temps, faire dorer la tranche de pain de campagne dans le reste de beurre. Dresser celle-ci sur un plat chaud.

Placer le foie gras sur la tranche de pain. Napper de sauce aux truffes.

Servir aussitôt.

LES SECRETS DES ESCALOPES DE FOIE GRAS CRU

Les escalopes sont salées et poivrées, puis parfois farinées ou panées à l'anglaise — l'escalope est passée dans l'œuf battu avant d'être enrobée de mie de pain pressée. Elles sont ensuite sautées au beurre (voire à la graisse d'oie ou de canard). Elles peuvent être servies telles ou posées sur des croûtons frits au beurre (voire à la graisse d'oie ou de canard). Il est fréquent qu'on les garnisse de lames de truffes revenues un court instant dans leur graisse de cuisson. En fait, les nombreuses recettes reposant sur ce type de cuisson ne diffèrent que par le mode de déglaçage de la poêle ou par la sauce qui accompagne la préparation. Le déglaçage est généralement effectué avec du vin doux naturel (porto, xérès, marsala, madère, etc.), accompagné ou non d'un peu de fond de veau lié (p. 13). La sauce d'accompagnement peut être une sauce demi-glace (p. 14), une sauce madère (p. 16) ou une sauce Périgueux (p. 17).

Les garnitures classiques qui accompagnent harmonieusement ces escalopes poêlées sont :

- des grains de raisin (p. 50, 55) ;
- des quartiers ou lamelles de pommes (p. 53, 56) ;
- des champignons à la crème — se contenter de faire sauter les escalopes salées et poivrées, puis de les dresser sur des croûtons ;
- une purée de champignons — faire sauter les escalopes salées et poivrées, puis les dresser sur des croûtons ; servir avec un fond de veau à l'essence de champignon (p. 13) ;

• des fonds d'artichaut étuvés au beurre — faire sauter les escalopes salées et poivrées, puis les dresser sur les fonds d'artichaut, garnis ou non de dés de truffe cuits à la crème ; servir avec une sauce demi-glace à l'essence de truffe (p. 14) ;

• des pointes d'asperges étuvées au beurre — faire sauter les escalopes salées et poivrées, puis déglacer la poêle avec du porto et de la crème fraîche ;

• des petites pommes de terre sautées au beurre, voire à la graisse d'oie ou de canard, passées dans de la glace de viande et parsemées d'un hachis de persil ;

• un risotto aux truffes — se contenter de saler et de poivrer les escalopes, de les paner, puis de les faire sauter ou, mieux, griller ;

• des pâtes fraîches agrémentées de lames de truffes — saler et poivrer les escalopes, les paner, puis les faire sauter. Les dresser sur des croûtons. Servir avec une sauce madère (p. 16).

Foie d'oie aux raisins sur canapés

1 foie gras d'oie cru de 700 g environ / 1 kg de raisin blanc muscat / 8 tranches de pain de mie / 100 g de beurre / 1 l de fond de volaille parfumé au madère / 10 cl de porto / Sel fin, poivre blanc du moulin.

 Prép. : 1 h – Cuiss. : 20 min 8 pers.

Parer le foie (p. 5). L'émincer en 8 escalopes ; réserver les parures.

Peler les grains de raisin et les épépiner.

Faire dorer les tranches de pain de mie dans 50 g de beurre pendant quelques minutes. Les découper de façon qu'elles aient la même forme que les escalopes de foie.

Faire pocher les escalopes de foie dans le fond de volaille pendant une dizaine de minutes. Les placer ensuite sur les croûtons et les passer au four à 180 °C (th. 6), pendant 3 minutes. Les réserver sur un plat de service.

Hacher les parures du foie et les mélanger au reste de beurre.

Faire chauffer les grains de raisin dans le porto pendant 5 minutes. Ajouter 10 cl du liquide ayant servi au pochage des escalopes de foie. Lier cette sauce aux raisins avec le beurre manié et les parures du foie. La laisser 3 minutes sur le feu, en veillant à ne pas faire bouillir. En napper les médaillons de foie gras. Servir aussitôt.

Escalopes de foie de canard au miel

1 foie gras de canard cru de 600 g / 6 cl de vinaigre de framboise / 100 g de miel d'acacia / Sel fin, poivre blanc du moulin.

 Prép. : 20 min – Cuiss. : 10 min 4 à 6 pers.

Parer le foie (p. 5). L'émincer en escalopes. Les saler et les poivrer, puis les faire cuire à sec, 30 secondes sur chaque face, dans une poêle à fond épais. Les réserver ensuite sur un plat de service, au chaud.

Déglacer la poêle avec le vinaigre de framboise. Ajouter le miel. Bien mélanger. Laisser réduire pendant 5 à 8 minutes.

Napper les escalopes de foie gras avec la sauce obtenue. Servir aussitôt.

Foie d'oie aux pommes

1 foie gras d'oie cru de 700 à 800 g / 8 pommes reinette / 200 g de beurre / 40 g de farine / 1 truffe (en boîte) émincée en lamelles / 7,5 cl de madère / Sel fin, poivre blanc du moulin.

 Prép. : 30 min – Cuiss. : 45 min 6 à 8 pers.

Parer le foie (p. 5).

Peler les pommes et en retirer le cœur pour lui substituer un morceau de beurre. Les faire cuire au four à 200 °C (th. 6-7), pendant 20 minutes. Les réserver au chaud.

Émincer le foie en escalopes. Les saler, les poivrer et les fariner. Les faire dorer dans le reste de beurre, dans une poêle, sur feu doux, pendant 15 minutes, en ayant soin de les retourner à mi-cuisson.

Dresser les escalopes sur un plat chaud. Garnir chacune d'elles avec une lamelle de truffe. Entourer des pommes.

Déglacer la poêle avec le madère. Napper la préparation avec la sauce obtenue. Servir aussitôt.

Foie d'oie à l'alsacienne

1 foie gras d'oie cru de 800 g / 6 pommes reinette / 150 g de beurre / 8 tranches de pain de mie rondes / 40 g de farine / 20 cl de sauce demi-glace parfumée au porto (p. 14) / Sel fin, poivre blanc du moulin.

6 à 8 pers. Prép. : 20 min – Cuiss. : 35 min 

Parer le foie (p. 5). L'émincer en 8 escalopes.

Peler les pommes, en retirer le cœur et les émincer en lamelles épaisses. Les faire rissoler dans 50 g de beurre, au four à 180 °C (th. 6), pendant 15 minutes.

Faire dorer les tranches de pain de mie dans 40 g de beurre pendant quelques minutes.

Saler et poivrer les escalopes de foie, puis les fariner. Les faire dorer dans le reste de beurre, dans une poêle, sur feu doux, pendant 15 minutes, en ayant soin de les retourner à mi-cuisson.

Dresser les croûtons sur un plat chaud. Déposer des lamelles de pommes sur chacun d'eux. Couvrir avec les escalopes de foie. Napper avec la demi-glace.

Servir aussitôt.

- *La sauce demi-glace peut être remplacée par un fond de veau corsé, parfumé au jus de truffes.*
- *Si l'on préfère, les lamelles de pommes peuvent être placées autour du plat et non sur les croûtons.*

Foie de canard aux figues

1 foie gras de canard cru de 600 g / 12 figues violettes mûres à point / 60 g de beurre / 80 g de gelée de groseille / 5 cl de vinaigre de framboise / 25 cl de fond de volaille / Sel fin, poivre blanc du moulin.

Prép. : 40 min – Cuiss. : 20 min 6 pers.

Parer le foie gras (p. 5). L'émincer en 6 escalopes. Les saler et les poivrer.

Couper chaque figue en 4 quartiers en veillant à les laisser réunis à leur base. Les placer dans un plat à gratin, avec 20 g de beurre, et les faire cuire au four à 180 °C (th. 6), pendant une quinzaine de minutes.

Pendant ce temps, faire chauffer la gelée de groseille dans une casserole. La laisser réduire des deux tiers pendant quelques minutes. Mouiller alors avec le vinaigre de framboise. Mélanger. Ajouter le fond de volaille. Laisser réduire jusqu'à obtention d'une sauce onctueuse. Rectifier l'assaisonnement, si nécessaire.

Faire cuire les escalopes de foie gras dans le reste de beurre, dans une poêle, 3 minutes sur chaque face. Les égoutter sur du papier absorbant. Les dresser sur un plat chaud. Les napper de sauce. Les entourer de figues.

Servir aussitôt.

Si la sauce paraît trop liquide, la lier avec un peu de fécule de maïs.

Foie de canard aux raisins

1 foie gras de canard cru de 600 g / 350 g de raisin blanc chasselas / 8 tranches de pain de campagne / 100 g de beurre / 30 cl de vin muscat (beaumes-de-venise, frontignan, lunel, etc.) / 20 cl de fond de veau (p. 12) / Sel fin, poivre blanc du moulin.

4 à 6 pers. Prép. : 40 min – Cuiss. : 20 min 

Parer le foie (p. 5). L'émincer en 8 escalopes.

Peler les grains de raisin et les épépiner.

Faire griller les tranches de pain de campagne. Les disposer sur un plat de service maintenu au chaud.

Saler et poivrer les escalopes de foie gras. Dans une sauteuse, les faire cuire dans 30 g de beurre, 2 minutes sur chaque face. Placer ensuite une escalope sur chaque tranche de pain.

Déglacer la sauteuse avec le vin muscat. Y déposer les grains de raisin. Mélanger et laisser réduire pendant quelques minutes. Ajouter le fond de veau. Laisser réduire de moitié. Incorporer le reste de beurre en noisettes. Rectifier l'assaisonnement, si nécessaire.

Napper le foie gras avec la sauce. Garnir le plat avec les raisins.

Servir aussitôt.

Foie de canard aux pommes et au cidre

1 foie gras de canard cru de 600 g / 3 pommes reinette / 30 cl de cidre brut / 60 g de beurre / 10 cl de madère / Quatre-épices / Sel fin, poivre blanc du moulin.

Prép. : 20 min – Cuiss. : 10 min   6 pers.

Parer le foie gras (p. 5).

Peler les pommes, en retirer le cœur et les couper en quartiers. Les faire cuire dans le cidre porté à ébullition pendant 6 minutes. Les réserver, dans leur liquide de cuisson.

Émincer le foie en 6 escalopes. Les saler et les poivrer. Les faire cuire dans 30 g de beurre, dans une poêle, 3 minutes sur chaque face. Les égoutter sur du papier absorbant, puis les réserver sur un plat de service, au chaud.

Déglacer la poêle avec 15 cl du jus de cuisson des pommes. Laisser réduire de moitié. Ajouter alors le madère. Laisser réduire d'un tiers. Hors du feu, incorporer le reste de beurre en noisettes, sans cesser de remuer. Saler et poivrer. Relever avec une pincée de quatre-épices.

Entourer les escalopes de foie gras avec les quartiers de pommes égouttés. Napper avec la sauce.

Servir aussitôt.

Foie de canard à la fondue de poireaux

1 foie gras de canard cru de 600 g / 6 blancs de poireaux / 15 g de beurre / 1 cuil. à soupe de vinaigre de vin / Sel fin, poivre blanc du moulin.

4 à 6 pers. Prép. : 30 min – Cuiss. : 45 min 

Parer le foie gras (p. 5).

Éplucher les blancs de poireaux, les laver et les tailler en fine julienne. Les faire blanchir dans de l'eau bouillante salée pendant 3 minutes. Puis les égoutter et les faire revenir dans le beurre pendant 5 minutes, en remuant sans arrêt.

Arroser de vinaigre. Saler et poivrer. Faire cuire, à couvert, sur feu doux, pendant 30 minutes.

Émincer le foie en escalopes. Les saler et les poivrer. Les faire cuire à sec, dans une grande poêle, 3 minutes sur chaque face. Les égoutter sur du papier absorbant.

Garnir un plat chaud avec la fondue de poireaux. Déposer dessus les escalopes de foie gras. Servir aussitôt.

On peut napper cette préparation d'une sauce madère (p. 16).

Soufflé au foie gras

300 g de foie gras cru paré (p. 5) / 225 g de blanc de volaille / 120 g de truffes / 8 blancs d'œufs / Quatre-épices / 25 cl de crème fraîche / Sel fin, poivre blanc du moulin.

 Prép. : 25 min – Cuiss. : 30 min 4 pers.

Hacher le foie gras, le blanc de volaille et les truffes. Lier le hachis avec 4 blancs d'œufs. Le saler et le poivrer. Le relever d'une pincée de quatre-épices. Ajouter la crème fraîche. Enfin, incorporer délicatement le reste des blancs d'œufs montés en neige ferme.

Verser l'appareil dans un moule à soufflé. Faire cuire au four à 200 °C (th. 6-7), pendant 30 minutes.

Servir aussitôt, avec une saucière de sauce Périgueux (p. 17) en accompagnement.

Œufs sur le plat au foie gras

4 escalopes de foie gras d'oie ou de canard cru (rondes) / 50 g de beurre / 4 œufs / 4 lames de truffe (en boîte) / 4 cuil. à soupe de sauce demi-glace à l'essence de truffe (p. 14) / Sel fin, poivre blanc du moulin.

 Prép. : 10 min – Cuiss. : 8 min 4 pers.

Saler et poivrer les escalopes de foie gras. Les faire cuire dans 30 g de beurre, dans une grande poêle, 3 minutes sur chaque face. Les égoutter sur du papier absorbant. Les dresser sur un plat et les réserver au chaud.

Faire cuire les œufs au plat avec le reste de beurre, dans une poêle, sur feu moyen, pendant 2 minutes. Saler et poivrer en début de cuisson.

Placer un œuf sur chaque escalope de foie gras. Décorer avec une lame de truffe. Napper avec la sauce demi-glace bien chaude.

Servir aussitôt.

Œufs pochés en tartelettes

4 escalopes de foie gras d'oie ou de canard cru (rondes et de la taille des fonds de tartelettes) / 30 g de beurre / 4 fonds de tartelettes / 4 œufs / 10 cl de vinaigre / 3 cl de madère / 4 cuil. à soupe de fond de veau (p. 12) / 4 lames de truffe (en boîte) / Sel fin, poivre blanc du moulin.

4 pers. Prép. : 20 min – Cuiss. : 9 min 

Saler et poivrer les escalopes de foie gras. Les faire cuire dans le beurre, dans une grande poêle, 3 minutes sur chaque face. Les égoutter sur du papier absorbant.

Dresser les fonds de tartelettes réchauffés sur un plat. Déposer une escalope de foie gras dans chacun d'eux. Réserver au chaud.

Faire pocher les œufs 3 minutes dans 2 l d'eau vinaigrée frémissante. Les saler et les poivrer.

Placer un œuf poché sur chaque escalope de foie gras.

Ajouter le madère au fond de veau bien chaud. En napper les tartelettes. Décorer avec les lames de truffe. Servir aussitôt.

Cette recette peut aussi s'appliquer à des œufs mollets, cuits (avec leur coque) dans de l'eau bouillante salée pendant 5 minutes.

Omelette au foie gras

9 œufs / 150 à 200 g de foie gras cuit / 2 truffes (en boîte) / 30 g de beurre / Sel fin, poivre blanc du moulin.

6 pers. Prép. : 15 min – Cuiss. : 15 min 

Casser les œufs dans une terrine. Les saler et les poivrer. Les battre à la fourchette.

Couper le foie gras en dés et les truffes en dés. Les faire revenir dans le beurre, sur feu doux, pendant 5 minutes. Ajouter les œufs battus. Faire cuire le tout en une omelette baveuse.

Dresser l'omelette sur un plat. La servir aussitôt.

En variante raffinée, on peut napper l'omelette de sauce demi-glace à l'essence de truffe (p. 14).

Cou d'oie farci

1 cou d'oie / 1 lobe de foie gras d'oie cru / 2 échalotes / 4 branches de persil plat / 1 cœur d'oie / Graisse d'oie / 150 g de chair d'oie crue / 100 g de chair à saucisse / 100 g de mie de pain / Lait / 4 cl de cognac / 1,5 l de bouillon de volaille / Sel fin, poivre blanc du moulin.

 Dégorgement : 2 h – Prép. : 1 h 4 pers.
Cuiss. : 1 h 05 min

Détacher la peau du cou en la retournant délicatement. La laver, la sécher et obstruer une de ses extrémités en la ficelant (ou en la cousant).

Parer le lobe de foie (p. 5).

Peler les échalotes et les ciseler très finement. Hacher le persil.

Égoutter le lobe de foie. Le faire revenir avec le cœur dans un peu de graisse d'oie pendant quelques minutes. Puis le hacher avec la chair d'oie. Ajouter la chair à saucisse et mélanger. Ajouter la mie de pain, préalablement trempée dans du lait et pressée, les échalotes et le persil. Saler et poivrer. Incorporer le cognac. Bien mélanger le tout.

Introduire la farce dans la peau du cou d'oie. Attention, la farce va gonfler à la cuisson ; il faut donc veiller à bien la répartir et à ne pas trop remplir le cou. Ficeler (ou coudre) l'autre extrémité de la peau. La piquer avec une aiguille en divers endroits.

Porter le bouillon de volaille à ébullition. Y plonger le cou farci et l'y laisser cuire pendant 1 heure.

Découper le cou en tranches et le dresser sur un plat chaud. Le servir aussitôt, accompagné de pommes de terre sautée dans la graisse d'oie.

• *Pour une farce moins onéreuse, associer 200 g de chair à saucisse, 50 g de chair de volaille, 100 g de parures de foie gras, 50 g de parures de truffes, quatre-épices, sel et poivre.*

• *Le cou farci peut participer à la garbure (p. 93). Il se consomme aussi froid, avec une salade verte assaisonnée à l'huile de noix.*

• *Le cou farci se fait confire, ce qui permet de le conserver quelques mois. Dans ce cas, interrompre la recette ci-dessus avant le pochage dans le bouillon et faire cuire le cou en même temps que les membres de l'oie ou du canard (p. 81 à 83).*

Poulet en pâte

Pour la pâte : *1 kg de farine / 5 œufs / 500 g de beurre / Sel fin.*
1 truffe / 200 g de foie gras d'oie ou de canard cuit / 1 poulet fermier d'environ 1,200 kg (avec son foie) / 125 g de viande de veau (escalope) / 125 g de viande de porc dans le filet / 1 jaune d'œuf / Quatre-épices / 3 cl de cognac / Quelques feuilles de laitue / Sel fin, poivre blanc du moulin.

 Prép. : 1 h 15 – Repos : 24 h 4 pers.
Cuiss. : 1 h

Confectionner la pâte : verser la farine dans un saladier et y creuser une fontaine. Y déposer 1 cuillerée à soupe bombée de sel, les œufs, 10 cl d'eau chaude et le beurre ramolli, en noisettes. Mélanger peu à peu le tout et travailler jusqu'à obtention d'une pâte homogène. La laisser reposer pendant 12 heures.

Peler la truffe et la tailler en très petits dés. Couper le foie gras en dés.

Hacher finement le foie du poulet, la viande de veau et la viande de porc. Lier le mélange avec le jaune d'œuf. Saler et poivrer. Ajouter une pincée de quatre-épices et le cognac. Incorporer enfin le foie gras et la truffe au mélange.

Garnir l'intérieur du poulet avec cette farce. Laisser reposer pendant 12 heures au frais.

Abaisser la pâte. Déposer le poulet sur l'abaisse et l'enfermer complètement dans l'abaisse en ayant soin de bien souder les bords pour que le jus rendu au cours de la cuisson ne puisse pas s'échapper. Faire cuire au four à 180 °C (th. 6) pendant 1 heure.

Dresser le poulet sur un plat chaud. Garnir de feuilles de laitue. Servir aussitôt.

La tradition voudrait qu'on donne à la pâte la forme d'un coq. De fait, la recette était naguère intitulée « coq en pâte ». Essayez donc de lui donner une « silhouette » originale qui amusera les convives.

LES SECRETS D'UNE BONNE FARCE

- *Lorsqu'un foie gras cru entre dans la confection d'une farce, il est conseillé de le poêler, un très court instant, pour le raidir. Il sera plus facile à découper en dés ou à hacher.*
- *Ne parfumer la farce (épices, alcool) qu'une fois l'amalgame désiré obtenu.*
- *La meilleure façon de malaxer une farce est de le faire à la main.*
- *Si possible, passer la farce au tamis pour qu'elle soit bien lisse.*
- *Ne tasser pas trop la farce à l'intérieur d'une volaille, car elle se dilate à la cuisson. Obstruer l'ouverture en la cousant avec du fil de cuisine.*
- *La cuisson des viandes farcies se fait en cocotte, sur feu moyen, ou au four, pour donner à la farce, moins exposée à la chaleur, le temps de cuire.*

Poularde de Bresse sauce au porto

3 carottes / 2 oignons / 400 g de foie gras d'oie ou de canard cuit / 100 g de truffes / 130 g de riz cuit pilaf / 1 poularde de Bresse d'au moins 2 kg / Bardes de lard / 1 bouquet garni / 150 g de beurre / 12 cl de porto / 15 cl de crème fraîche / Sel fin, poivre blanc du moulin.

Prép. : 1 h 30 min – Cuiss. : 1 h 6 pers.

Peler les carottes et les émincer en rondelles. Peler les oignons et les ciseler finement.

Couper le foie gras en dés. Peler les truffes et les tailler en plus petits dés.

Mélanger le foie gras et les truffes au riz.

Garnir l'intérieur de la poularde avec cette farce. La barder et la brider soigneusement, pour empêcher que la farce ne s'échappe au cours de la cuisson.

Mettre la poularde dans un plat à rôtir, avec les carottes, les oignons et le bouquet garni. La parsemer de noisettes de beurre. La faire cuire au four à 200 °C (th. 6-7) pendant 1 heure. La saler et la poivrer dès la cuisson achevée. Dresser la volaille sur un plat de service et la réserver au chaud.

Déglacer le plat de cuisson avec le porto. Laisser réduire légèrement. Ajouter la crème fraîche. Mélanger et laisser frémir, sur feu doux, pendant 3 minutes. Rectifier l'assaisonnement, si nécessaire. Passer la sauce au chinois.

Servir la poularde, accompagnée de la sauce présentée en saucière.

Poulet fourré au foie gras

400 g de foie gras d'oie ou de canard cuit / 200 g de truffes / 50 g de lard gras / 5 cl de xérès / 1 poulet fermier d'environ 1,200 kg / 75 g de beurre / 10 cl de porto / Sel fin, poivre blanc du moulin.

4 pers. Prép. : 30 min – Cuiss. : 1 h

Couper le foie gras en gros dés. Peler les truffes et les tailler en lamelles. Tailler le lard en dés.

Mélanger le foie gras, les truffes et le lard. Aromatiser avec le xérès.

Garnir l'intérieur du poulet avec cette farce. Le brider soigneusement, pour empêcher que la farce ne s'échappe au cours de la cuisson.

Mettre le poulet dans un plat à rôtir, avec le beurre, et le faire cuire au four à 200 °C (th. 6-7), pendant 1 heure. Le saler et le poivrer dès la cuisson achevée.

Dresser la volaille sur un plat de service.

Déglacer le plat de cuisson avec le porto.

Servir le poulet, accompagné du jus au porto présenté en saucière.

Cailles au foie gras

3 échalotes / 6 cailles / 40 g de beurre / 3 cl de cognac / 10 cl de vin blanc sec / 15 cl de fond de viande / 1 zeste d'orange râpé / 10 cl de crème fraîche / 60 g de foie gras cuit / Sel fin, poivre blanc du moulin.

 Prép. : 30 min – Cuiss. : 30 min 6 pers.

Peler les échalotes et les ciseler finement.

Faire dorer les cailles dans le beurre, dans une cocotte, pendant 5 minutes. Ajouter les échalotes et les laisser revenir 5 minutes, en veillant à ce qu'elles ne prennent pas couleur. Les faire flamber au cognac. Mouiller avec 5 cl de vin blanc. Saler et poivrer. Laisser cuire, à couvert, sur feu doux, pendant 15 minutes.

Retirer les cailles et les réserver sur un plat de service, au chaud.

Déglacer la cocotte avec le reste de vin. Ajouter le fond de viande. Laisser réduire d'un tiers, sur feu vif. Rectifier l'assaisonnement, si nécessaire.

Ajouter le zeste d'orange. Incorporer la crème fraîche. Mélanger hors du feu. Ajouter enfin le foie gras coupé en petits dés. Réchauffer la sauce un court instant sur feu doux.

Servir aussitôt les cailles, accompagnées de la sauce présentée en saucière.

Pour plus de raffinement, on peut farcir les cailles de foie gras.

Suprêmes de poulet au foie gras

4 suprêmes de poulet / 70 g de beurre / 4 tranches de foie gras d'oie ou de canard cru / 20 cl de sauce madère (p. 16) enrichie de lames de truffes taillées en bâtonnets / Sel fin, poivre blanc du moulin.

4 pers. Prép. : 20 min – Cuiss. : 16 min 

Faire sauter les suprêmes de poulet dans 40 g de beurre pendant 10 minutes. Les saler et les poivrer.

Pendant ce temps, saler et poivrer les escalopes de foie gras. Les faire cuire dans le reste de beurre, dans une grande poêle, 3 minutes sur chaque face.

Les égoutter sur du papier absorbant. Les dresser sur un plat chaud.

Déposer un suprême de volaille sur chaque escalope de foie gras. Napper de sauce madère chaude.

Servir aussitôt.

Rôti de bœuf à l'agenaise

600 g de gros pruneaux dénoyautés / Thé / 1,500 kg de viande de bœuf (filet ou faux-filet) préparé en rôti / 60 g de beurre / 10 cl de madère / 300 g de mousse de foie gras / Sel fin, poivre blanc du moulin.

Trempage : 12 h – Prép. : 30 min
Cuiss. : 45 min

6 pers.

Faire tremper les pruneaux dans un thé léger pendant 12 heures.

Faire dorer le rôti dans le beurre, dans une cocotte, pendant 6 à 7 minutes. Le faire flamber avec le madère. Le saler et le poivrer. Le laisser cuire, à couvert, sur feu moyen, pendant 35 minutes.

Égoutter les pruneaux et les farcir soigneusement avec de la mousse de foie gras. Les faire chauffer dans un peu de beurre, au four à 180 °C (th. 6), pendant quelques minutes.

Dresser le rôti sur un plat chaud. L'entourer des pruneaux. Servir aussitôt.

Tournedos Rossini

4 tranches de pain de mie / 100 g de beurre / 1 petite truffe (en boîte) / 20 cl de sauce demi-glace (p. 14) / 4 tournedos / 4 tranches de foie gras cuit / 20 cl de madère / Sel fin, poivre blanc du moulin.

4 pers. Prép. : 20 min – Cuiss. : 20 min 

Faire dorer les tranches de pain de mie dans 30 g de beurre.

Peler la truffe et l'émincer en 4 belles lames. Hacher les pelures. Incorporer le hachis à la sauce demi-glace.

Faire fondre 40 g de beurre dans une poêle. Y faire cuire les tournedos des deux côtés — la durée varie suivant le degré de cuisson souhaité. Les saler et les poivrer.

Dans 4 assiettes individuelles, placer chaque tournedos sur un canapé. Déposer dessus une tranche de foie gras, puis une lame de truffe.

Déglacer la poêle dans laquelle ont cuit les tournedos avec le madère. Laisser réduire quelques minutes. Ajouter la sauce demi-glace. Incorporer enfin le reste de beurre en noisettes. Napper les tournedos Rossini avec cette sauce.

Servir aussitôt.

Filet de bœuf fourré au foie gras

1,500 kg de viande de bœuf dans le filet / 3 cl d'armagnac / 600 g de foie gras cuit / 200 g de truffes taillées en dés / 200 g de très fins lardons / 60 g de beurre / 10 cl de madère / Sel fin, poivre blanc du moulin.

Prép. : 30 min – Cuiss. : 45 min 6 pers.

Fendre le rôti dans le sens de sa longueur. Le saler et le poivrer intérieurement. L'arroser d'armagnac.

Mélanger le foie gras et les dés de truffes. En farcir le rôti. Le ficeler et serrer particulièrement aux deux bouts pour éviter que la farce ne s'échappe. Le piquer ensuite de lardons.

Faire dorer le rôti dans le beurre, dans une cocotte, pendant 15 minutes. Le laisser cuire, à couvert, sur feu moyen, pendant 30 minutes.

Dresser le rôti sur un plat chaud.

Déglacer la cocotte avec le madère. Laisser réduire pendant 3 minutes. Rectifier l'assaisonnement, si besoin est.

Servir, avec la sauce présentée en saucière.

- *Pour plus de raffinement encore, on peut garnir ce rôti de têtes de champignons de Paris, cuites au beurre et farcies d'un hachis de truffes.*
- *On peut aussi le servir avec une sauce Périgueux (p. 17).*
- *Une variante : le filet de bœuf en croûte. Après que le rôti a été saisi pendant 15 minutes, le laisser reposer pendant une dizaine de minutes. Puis bien l'enfermer dans une abaisse de pâte feuilletée (1 kg environ) dont on soude soigneusement les bords et que l'on dore au jaune d'œuf. Le faire cuire au four à 200 °C (th. 6-7) pendant 30 minutes environ.*

Veau à la mousse de foie gras d'oie

300 g de carottes / 1 oignon / 1,500 kg de viande de veau dans la noix (préparée en rôti) / 6 cl d'huile / 1 bouquet garni / 15 cl de porto / 300 g de mousse de foie gras d'oie / 30 cl de gelée parfumée au porto / 1 branche d'estragon / Sel fin, poivre blanc du moulin.

6 à 8 pers. Prép. : 30 min – Cuiss. : 1 h 40 min 

Éplucher les carottes et les émincer en rondelles. Peler l'oignon et le ciseler finement.

Dans une cocotte, faire dorer le rôti de veau, de tous côtés, dans l'huile, pendant quelques minutes. Ajouter les carottes, l'oignon et le bouquet garni. Mouiller avec le porto. Saler et poivrer. Laisser cuire, à couvert, sur feu doux, pendant 1 heure et demie. Laisser ensuite refroidir.

Découper le rôti en fines tranches. Tartiner chacune d'elles de mousse de foie gras. Napper chaque tranche de gelée tiède. Laisser prendre. Décorer avec des feuilles d'estragon. Napper à nouveau de gelée. Laisser prendre.

Dresser les tranches de veau sur un plat et les réserver au frais jusqu'au moment du service.

MIGNARDISES POUR BUFFET RAFFINÉ

- **Petits œufs de foie gras**

À l'aide de moules à petits œufs de Pâques (pour confiserie) beurrés, façonner du foie gras truffé cuit en petits œufs qu'on enrobe ensuite de truffes très finement hachées. Les dresser sur un lit de gelée hachée.

- **Canapés au foie gras**

Tartiner chaque disque de pain de mie avec de la purée de foie gras et garnir avec une lame de truffe.

- **Bouchées au foie gras**

Garnir des mini-bouchées de pâte feuilletée avec un mélange de petits dés de foie gras et de petits dés de truffes, lié avec une sauce madère (p. 16) très réduite. Décorer le dessus avec des bâtonnets de truffes. Servir chaud.

Cette recette peut être adaptée à de grosses bouchées, servies en entrée lors d'un repas.

- **Brioches au foie gras**

Décapiter des mini-brioches (faites dans une pâte non sucrée) et les évider. Les laisser sécher intérieurement avant de les garnir comme les « bouchées au foie gras » (voir ci-dessus). Replacer les chapeaux. Servir chaud.

Cette recette peut être adaptée à des brioches de taille normale, servies en entrée lors d'un repas.

- **Choux à la mousse de foie gras**

Farcir des petits choux salés, dont on a découpé un chapeau (aux trois quarts), avec un mélange composé de foie gras réduit en purée, de beurre (le tiers du volume du foie gras) et de crème Chantilly. Compter 1 cuillerée à café de foie gras par chou. Ces choux se servent froids.

- **Feuilletés au foie gras**

Déposer une noix de foie gras sur un petit disque en pâte feuilletée. Couvrir avec un disque de même taille. Souder les deux disques tout autour en pressant sur les bords. Dorer le dessus du feuilleté au jaune d'œuf. Faire cuire au four à 220 °C (th. 7-8) pendant 20 minutes.

- **Pruneaux au foie gras**

Faire tremper de beaux pruneaux dénoyautés dans du thé chaud pendant 30 minutes. Bien les égoutter et les farcir de foie gras truffé. Les servir tièdes.

- **Œufs farcis**

Farcir des moitiés d'œufs durs de mousse de foie gras. Décorer avec un morceau de lame de truffe. Éventuellement, lustrer avec un peu de gelée.

- **Champignons au foie gras**

Faire cuire les têtes de gros champignons de Paris au blanc (dans de l'eau additionnée, pour 1 litre, de 20 g de farine, du jus de citron et de 6 g de sel). Les garnir de foie gras. Les réchauffer et les servir chauds.

- **Mousselines de foie gras**

Sur une couche de gelée d'environ 5 mm d'épaisseur, qu'on a étalée sur une plaque et qu'on a laissée prendre au réfrigérateur, répartir des petits tas de mousse de foie gras façonnés en ovales. Placer un petit morceau de truffe sur chaque tas. Couvrir d'une couche de gelée, puis laisser prendre avant de découper les mousselines à l'emporte-pièce — elles doivent être parfaitement enrobées de gelée.

LES CONFITS

La qualité d'un confit tient, avant tout, à la qualité de la volaille, qui doit être jeune et grasse. Réaliser ensuite le confit ne constitue pas en soi une opération difficile. La phase la plus redoutée par un(e) « débutant(e) » réside sans conteste dans la découpe de la volaille grasse crue.

LA PRÉPARATION DU CONFIT

La séance qui suit montre précisément, en images, les étapes successives de ce travail préparatoire. Mais il faut savoir que le volailler l'effectue à la demande. De plus, sur les marchés au gras du Sud-Ouest, les producteurs eux-mêmes se proposent de l'exécuter à la place de leurs clients souvent désemparés devant l'ampleur apparente de la tâche.

LA DÉCOUPE DE L'OIE OU DU CANARD

Ustensiles : couteau d'office, sécateur à volaille.

- *Avec un couteau d'office, fendre la peau du ventre d'un bout à l'autre* (1).
- *Décoller la chair de la carcasse jusqu'aux membres* (2).

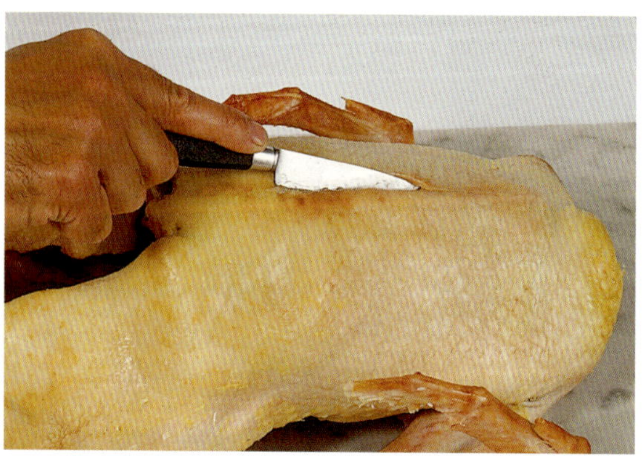

1

- *Sectionner les ailerons (manchons) que l'on confit aussi* (3).
- *Faire craquer la jointure des membres.*
- *Achever de les désarticuler avec la pointe du couteau — les membres doivent suivre avec le reste* (4).
- *Couper en quatre ce « manteau » décollé, morceau de choix des confits* (5).
- *Sectionner le cou au ras de la carcasse ; on le confit également.*
- *Ouvrir la carcasse précautionneusement, avec un sécateur à volaille.*
- *Retirer la boule de graisse.*
- *Détacher les boyaux (si la volaille possède encore son foie) et récupérer la graisse («graisse fine»).*

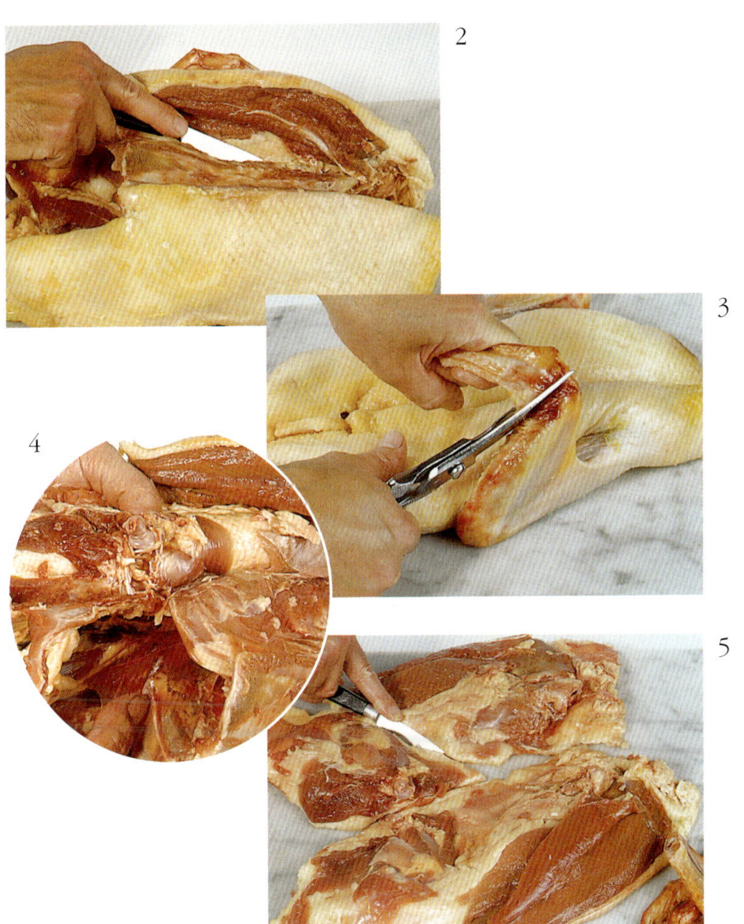
2

3

4

5

Les deux dernières étapes n'ont pas souvent lieu, les volailles étant vendues déjà vidées.

- *Séparer délicatement le foie, qu'il faudra parer avant toute préparation (p. 5).*
- *Récupérer le gésier pour le confire.*

La description se limite aux morceaux susceptibles d'être confits. Dans les régions productrices, rien ne se perd dans une volaille grasse. Les tripes sont cuisinées, les abattis également. Carcasse et abattis non utilisés servent à confectionner un potage ou un ragoût. Quant au sang, il est l'ingrédient de base de la traditionnelle sanguette.

LES GRAISSES D'OIE ET DE CANARD

La quantité de graisse provenant des parties adipeuses de l'oie et du canard gras est loin d'être négligeable. Ainsi, une oie de 4 kg rend-elle environ 1,3 kg de graisse. Précieux ingrédient s'il en est...

La graisse d'oie est fine, fluide et parfumée. Très prisée par certaines cuisines régionales, elle participe aux confits, à la choucroute et peut intervenir dans d'innombrables préparations, même dans la pâtisserie. Sa température de décomposition est de 200 °C. Quant à la graisse de canard, au goût plus accusé, un peu moins légère, elle peut être utilisée dans toute la cuisine, sauf en pâtisserie.

On trouve aujourd'hui ces graisses dans le commerce, en boîtes ou en bocaux. Elles se conservent assez longtemps au réfrigérateur.

Un conseil : conserver la graisse d'un bocal de confit, après dégustation de celui-ci. Entreposée au réfrigérateur et clarifiée au moment de son emploi, elle servira à d'autres préparations. Mais, attention, au moment de son emploi, elle est déjà salée !

DES CONSERVES POUR L'HIVER

Naguère, les confits étaient conservés dans des pots en grès ou en terre cuite *(toupins)*. Aujourd'hui, les bocaux ont relégué dans l'ombre les contenants traditionnels. Pourtant, les pots d'antan protégeaient les confits de la lumière, ce qui est important.

Ces conserves ont une longue « vie ». Protégée de l'air ambiant par une épaisse couche de graisse, la viande confite se conserve 6 à 8 mois dans un endroit sec et frais. Néanmoins, certains préfèrent stériliser les pots.

Les confits présentent l'avantage de se réchauffer facilement. Il convient d'abord d'ôter la graisse, qui peut, d'ailleurs, être utilisée partiellement pour la cuisson des légumes prévus en garniture. Les réchauffer ensuite, côté peau, dans une sauteuse à fond épais ; procéder à couvert, sur feu moyen — sauf pour les gésiers, que l'on réchauffe sur feu doux. Attention, si le feu est vif, la viande risque de griller ! En fait, sous la peau dorée et croustillante, la chair doit rester moelleuse.

Lorsqu'on n'utilise pas la totalité d'un bocal, avoir soin de ne pas sortir de la graisse les morceaux qui restent dans le bocal.

Gésiers de volaille confits

3 kg de gésiers d'oie ou de canard / 1,500 kg de gros sel / 3 oignons / 1,500 kg de panne de porc / 1 bouquet garni / Poivre blanc du moulin.

Macération : 24 h – Prép. : 30 min
Cuiss. : 1 h 40 min – Stérilisation : 2 h

Nettoyer soigneusement les gésiers, les laver à l'eau courante et les sécher. Les déposer dans une terrine, les couvrir de gros sel et les laisser macérer ainsi, au frais, pendant 24 heures.

Bien essuyer les gésiers. Peler les oignons et les couper en quartiers.

Tailler la panne de porc en dés. La faire fondre avec 10 cl d'eau, les oignons et le bouquet garni, dans une cocotte, sur feu doux. Ajouter les gésiers. Laisser cuire, à couvert, sur feu doux, pendant 1 heure et demie. Poivrer.

Retirer les gésiers et les répartir dans des bocaux de 500 g. Passer la graisse de cuisson au chinois et en remplir les bocaux, que l'on ferme ensuite hermétiquement.

Faire stériliser le confit pendant 1 heure et demie (à partir de l'ébullition). Laisser refroidir dans le stérilisateur.

24 heures après, opérer une seconde stérilisation d'une durée de 30 minutes.

Dans la mesure du possible, il est préférable d'utiliser de la graisse d'oie ou de la graisse de canard plutôt que de la panne de porc.

Cuisses de canard en confit

4 cuisses de canard / Gros sel / 2 kg de graisse de canard / Sel fin, poivre blanc du moulin.

4 pers. Repos : 24 h – Prép. : 20 min
Cuiss. : 2 h

La veille, couper l'embout des cuisses de canard. Les frotter de gros sel. Les laisser reposer ainsi au réfrigérateur pendant 24 heures.

Dans une cocotte, faire fondre la graisse de canard. Puis y faire cuire la viande, à couvert, sur feu doux, pendant 2 heures.

Placer les cuisses de canard dans des bocaux. Faire stériliser ceux-ci pendant 3 heures à 100 °C.

Servir le confit de canard avec des pommes de terre coupées en rondelles et sautées avec du thym.

Les ailes se font confire de la même manière.

Confit d'oie

1 oie grasse de 4 kg / 6 brins de thym / 6 feuilles de laurier / 1 kg de gros sel / Panne de porc ou saindoux (éventuellement).

Macération : 48 h – Prép. : 1 h
Cuiss. : 2 h 10 min – Repos : 2 h

Découper l'oie en morceaux et lever les filets (p. 76). Réserver sa graisse au réfrigérateur.

Mettre les morceaux d'oie dans une grande terrine. Les parsemer de thym émietté et de laurier pilé. Les couvrir de gros sel. Les laisser macérer ainsi, au frais, pendant 48 heures.

Bien essuyer les morceaux d'oie avec un linge.

Couper la graisse d'oie réservée en petits morceaux et la faire fondre sur feu très doux. La passer ensuite à travers une fine passoire au-dessus d'une cocotte. Y déposer les morceaux d'oie. Laisser cuire, à couvert, sur feu doux, pendant au moins 2 heures. Veiller à ce que les morceaux de volaille n'attachent pas en cours de cuisson. Ils sont cuits lorsque, si l'on perce la chair avec une aiguille, le jus qui s'écoule est clair, et non rosé.

Retirer les morceaux d'oie. Filtrer la graisse de cuisson à travers une passoire fine.

Tapisser le fond de bocaux, propres et bien secs, d'une épaisse couche de graisse. La laisser refroidir pendant 2 heures. Répartir les morceaux d'oie dans des bocaux de 500 g, sans les tasser.

Verser dessus le reste de graisse fondu. Le confit doit être bien couvert. Si la graisse est en quantité insuffisante, compléter avec de la panne de porc ou du saindoux (que l'on fait fondre sur feu très doux).

Fermer les bocaux et les conserver dans un endroit sec et frais.

• *Pour stériliser ce confit, le processus est le même, mais le temps de cuisson, écourté. Au bout de 1 heure, répartir les morceaux d'oie dans les bocaux. Ajouter 2 cuillerées à soupe de graisse par bocal. Fermer les bocaux hermétiquement et les faire stériliser pendant 1 heure et demie (à partir de l'ébullition). Laisser refroidir dans le stérilisateur. 24 heures après, opérer une seconde stérilisation d'une durée de 30 minutes.*

• *Pour parfumer ce confit, on peut ajouter à la cuisson un sac de mousseline contenant quelques gousses d'ail pelées, des clous de girofle et des grains de poivre.*

Confit de canard à la paysanne

1 canard gras / 2 carottes / 1 branche de céleri / 1 gros oignon / 3 clous de girofle / 15 cl de vin blanc sec / 15 cl d'huile / Le zeste de 1/2 citron non traité / 350 g de saindoux / Gros sel / Poivre blanc mignonnette.

Pour 1 canard — Macération : 48 h
Prép. : 1 h 30 min – Cuiss. : 2 h 10 min

Découper le canard en morceaux (p. 76) — réserver sa graisse.

Peler les carottes et les couper en rondelles. Éplucher la branche de céleri et la tailler en dés. Peler l'oignon et l'émincer en lamelles.

Frotter les morceaux de canard avec un mélange composé de sel, de poivre et de clous de girofle écrasés. Les déposer dans une terrine. Les arroser de vin et d'huile, préalablement émulsionnés ensemble. Ajouter les carottes, le céleri, l'oignon et le zeste de citron (finement ciselé). Laisser macérer pendant 48 heures, au frais.

Égoutter les morceaux de canard. Les faire dorer de tous côtés dans une cocotte pendant quelques minutes. Ajouter alors le saindoux et la graisse du canard. Lorsque cela a fondu, verser dessus la marinade et ses légumes. Laisser cuire, à couvert, sur feu doux, pendant 2 heures.

Laisser tiédir la préparation avant de retirer les morceaux de canard et de les égoutter. Réchauffer le fond de cuisson et le passer au chinois.

Répartir les morceaux de confit dans plusieurs bocaux de 500 g que l'on remplit ensuite avec la graisse de cuisson. À la surface, la couche de graisse doit être épaisse.

Salade de gésiers confits

1 salade frisée (ou 320 g de pissenlit) / Sauce vinaigrette relevée / 320 g de gésiers confits (p. 80).

Prép. : 20 min – Cuiss. : 6 min 4 pers.

Nettoyer soigneusement la salade, la laver et la sécher. La déposer dans un grand saladier. L'arroser de sauce vinaigrette (sans remuer).

Faire revenir les gésiers confits dans une poêle, avec un peu de leur graisse, pendant quelques minutes. Les égoutter et les couper en morceaux. Les déposer sur la salade.

Servir aussitôt. Les gésiers doivent être encore chauds au moment de la dégustation.

On ne remue la salade qu'au moment de la consommer.

Confit à la sarladaise

4 morceaux de confit d'oie ou de canard (ailes et/ou cuisses) / 1 kg de pommes de terre / 250 g de truffes / Sel fin, poivre blanc du moulin.

4 pers. Prép. : 25 min – Cuiss. : 45 min

Faire réchauffer le confit dans sa graisse, dans une sauteuse, sur feu doux, pendant 15 minutes.

Pendant ce temps, éplucher les pommes de terre, les laver et les émincer en rondelles.

Peler les truffes et les tailler en fines lamelles.

Retirer le confit de la sauteuse, l'égoutter, le dresser sur un plat de service et le réserver au chaud.

Laisser dans la sauteuse l'équivalent de 4 cuillerées à soupe de la graisse rendue par le confit. Y faire rissoler les pommes de terre pendant une quinzaine de minutes. À mi-cuisson, leur mélanger les lamelles de truffes. Saler légèrement et poivrer.

Garnir le plat contenant le confit avec les pommes de terre. Servir aussitôt.

Confit à la gasconne

1 kg de cèpes de taille moyenne et bien fermes / 150 g de jambon cru maigre / 2 gousses d'ail / 5 branches de persil plat / 3 cuil. à soupe de graisse d'oie ou de canard (extraite du confit) / 20 g de farine / 15 cl de vin blanc sec / 4 morceaux de confit d'oie ou de canard (ailes et/ou cuisses) / Sel fin, poivre blanc du moulin.

Prép. : 25 min – Cuiss. : 45 min 4 pers.

Nettoyer soigneusement les cèpes. Retirer les queues et les hacher. Hacher le jambon. Peler les gousses d'ail et les hacher. Hacher également le persil. Mélanger les queues des cèpes, le jambon, l'ail et le persil.

Faire rissoler les têtes des cèpes dans la graisse, dans une poêle, sur feu doux, pendant 30 minutes. Les saler, puis les retirer et les réserver. Faire ensuite revenir le hachis dans la même graisse, sur feu doux, pendant 5 minutes. Saupoudrer de farine. Bien mélanger. Mouiller avec le vin. Saler et poivrer. Dès l'ébullition, verser 7,5 cl d'eau chaude. Ajouter les têtes des cèpes. Laisser cuire, sur feu doux, pendant une trentaine de minutes — la sauce doit être bien réduite.

Faire réchauffer le confit dans sa graisse, dans une sauteuse, sur feu doux, pendant 15 minutes.

Égoutter le confit et le dresser sur un plat de service. Garnir avec les cèpes. Servir aussitôt.

Confit au chou

1 chou (blanc ou vert) / 8 pommes de terre de taille moyenne / 2 oignons / 2 clous de girofle / 2 carottes / Bardes de lard / 1 bouquet garni / Noix de muscade râpée / 2 l de bouillon de volaille (enrichi de 3 cuil. à soupe de graisse extraite du confit) / 4 morceaux de confit d'oie ou de canard (ailes et/ou cuisses) / Sel fin, poivre blanc du moulin.

4 pers. Prép. : 30 min – Cuiss. : 1 h 30 min 

Nettoyer le chou, retirer les grosses côtes et le couper en quartiers. Le faire blanchir pendant 10 minutes dans de l'eau bouillante salée. L'égoutter ensuite.

Éplucher les pommes de terre et les laver. Peler les oignons et les piquer chacun d'un clou de girofle. Éplucher les carottes et les émincer en rondelles.

Tapisser une cocotte de bardes de lard. Y déposer le chou et les pommes de terre, puis les carottes, les oignons et le bouquet garni. Saler et poivrer. Relever d'une pincée de noix de muscade. Mouiller avec le bouillon. Couvrir de bardes. Porter à ébullition, puis laisser cuire, à couvert, sur feu doux, pendant 1 heure et demie.

20 minutes avant le terme de la cuisson, ajouter le confit au contenu de la cocotte.

Égoutter le confit et le dresser sur un plat de service. Garnir avec le chou, les pommes de terre et les carottes.

Servir aussitôt.

Confit d'oie à la landaise

4 morceaux de confit d'oie (ailes et/ou cuisses) / 125 g de jambon cru / 12 petits oignons blancs / 600 g de petits pois (écossés) / 20 g de farine / Sucre en poudre / 1 bouquet garni / Sel fin, poivre blanc du moulin.

Prép. : 25 min – Cuiss. : 1 h 20 min 4 pers.

Faire réchauffer le confit dans sa graisse, dans une cocotte, sur feu doux, pendant 15 minutes.

Pendant ce temps, tailler le jambon en dés. Peler les petits oignons.

Retirer le confit de la sauteuse, l'égoutter et le réserver.

Laisser dans la cocotte l'équivalent de 4 cuillerées à soupe de la graisse rendue par le confit. Y faire rissoler les petits oignons, avec le jambon, pendant quelques minutes. Ajouter les petits pois. Laisser revenir pendant 5 minutes. Saupoudrer de farine. Mélanger le tout. Mouiller avec 20 cl d'eau. Saler très légèrement et poivrer. Ajouter 1 cuillerée à café de sucre. Ajouter enfin le bouquet garni. Laisser cuire, sur feu doux, à couvert, pendant 55 minutes.

Déposer le confit dans la sauteuse. Poursuivre la cuisson pendant 10 minutes. Retirer le bouquet garni. Dresser le confit et les petits pois sur un plat chaud. Servir aussitôt.

Confit d'oie au vert

1 kg d'épinards / 500 g d'oseille / 4 morceaux de confit d'oie (ailes et/ou cuisses) / Sel fin, poivre blanc du moulin.

Prép. : 30 min – Cuiss. : 30 min 4 pers.

Nettoyer les épinards et l'oseille, puis les faire cuire à l'eau bouillante salée 15 minutes. Les égoutter et les ciseler.

Dégraisser le confit ; réserver la graisse.

Graisser un plat à gratin. Y déposer le mélange épinards-oseille. Saler et poivrer. Placer les morceaux de confit sur les légumes. Faire cuire au four à 200 °C (th. 6-7), 15 minutes. Servir aussitôt dans le plat de cuisson.

Confit d'oie en pot-au-feu

1 chou vert / 6 pommes de terre / 6 carottes / 6 navets / 6 poireaux / 3 branches de céleri / 4 l de bouillon de volaille / 6 morceaux de confit d'oie (ailes et/ou cuisses) / Sel fin, poivre blanc du moulin / Mignonnette.

6 pers. Prép. : 30 min – Cuiss. : 1 h

Éplucher et laver tous les légumes.

Dans un grand faitout, porter à ébullition le bouillon de volaille. Y plonger les divers légumes. Saler et poivrer. Laisser frémir pendant 50 minutes.

Ajouter les morceaux de confit au contenu du faitout. Prolonger la cuisson de 10 minutes.

Retirer les morceaux de confit. Les dresser au centre d'un plat creux bien chaud. Les entourer des légumes. Arroser le tout avec du bouillon de cuisson.

Servir le pot-au-feu, accompagné de gros sel et de poivre mignonnette.

Dégraissé, passé au chinois et réchauffé avec une poignée de vermicelles (« cheveux d'ange »), le bouillon de cuisson constituera un délicieux consommé pour débuter le repas.

Confit de canard aux deux pommes

4 pommes de terre (bintje, par exemple) / 4 pommes golden / 2 œufs / Noix de muscade râpée / 2 cuil. à soupe de crème fraîche / 2 cuisses de canard / 2 cuil. à soupe d'huile / 30 g de beurre / 1 cuil. à soupe de persil plat ciselé / Sel fin, poivre blanc du moulin.

Prép. : 40 min – Cuiss. : 20 min 4 pers.

Éplucher les pommes de terre et les laver. Les râper avec une grille moyenne. Peler les pommes, en retirer le cœur et les râper avec une grille moyenne.

Mettre les œufs dans une terrine. Saler et poivrer. Parfumer avec une pincée de noix de muscade. Ajouter la crème fraîche. Bien mélanger le tout. Ajouter les pommes de terre et les pommes fruits. Mélanger.

Faire réchauffer les morceaux de canard dans un plat au four à 180 °C (th. 6) pendant 15 minutes.

Pendant ce temps, faire chauffer l'huile et le beurre mélangés dans une poêle. Y verser la préparation aux deux pommes. Lisser la surface avec une spatule en bois. Laisser cuire, sur feu moyen, pendant 5 minutes. Retourner la galette. Poursuivre la cuisson pendant 5 minutes. Égoutter la galette sur un papier absorbant avant de la placer sur un plat chaud.

Dresser les confits sur un plat chaud. Les saupoudrer de persil. Servir aussitôt, avec la galette aux deux pommes en accompagnement.

Garbure

1 beau chou vert / 360 g de fèves fraîches / 600 g de pommes de terre / 3 gousses d'ail / 360 g de haricots blancs frais écossés / 1 bouquet garni / 3 cuisses d'oie ou de canard confites / Tranches de pain de campagne / Sel fin, poivre blanc du moulin.

6 à 8 pers. Prép. : 40 min – Cuiss. : 2 h 30 min 

Nettoyer le chou, le laver et le tailler en lanières. Écosser les fèves. Éplucher les pommes de terre, les laver et les couper en dés. Peler les gousses d'ail et les ciseler.

Dans un grand faitout contenant 3 l d'eau bouillante, mettre les haricots blancs, les fèves et les pommes de terre. Ajouter l'ail et le bouquet garni. Saler et poivrer. Porter à ébullition, puis laisser frémir, à couvert, pendant 1 heure. Ajouter alors le chou. Poursuivre la cuisson pendant 1 heure. Ajouter enfin les morceaux de confit. Achever la cuisson pendant 30 minutes.

Dresser le confit sur un plat chaud.

Garnir le fond d'une soupière avec des tranches de pain de campagne. Verser dessus la garbure.

Servir le tout, accompagné de cornichons et de gruyère râpé.

Cassoulet

2 carottes / 5 oignons / 2 clous de girofle / 5 gousses d'ail / 4 tomates / 600 g de haricots blancs frais (lingots tarbais, de préférence) / 250 g de poitrine de porc / 150 g de couennes de porc / 2 bouquets garnis / 600 g de viande de mouton (épaule désossée) / 600 g de viande de porc (longe désossée) / 80 g de graisse d'oie / 2 l de bouillon de volaille / 600 g de confit d'oie / 1 saucisson à l'ail cru (ou 1 cervelas) / 400 g de saucisse de Toulouse / Chapelure / Sel fin, poivre blanc du moulin.

Prép. : 1 h – Cuiss. : 6 h — 6 à 8 pers.

Éplucher les carottes et les émincer en rondelles. Peler les oignons ; en piquer deux d'un clou de girofle et ciseler finement les autres. Peler les gousses d'ail ; en hacher trois et laisser les deux autres entières. Peler les tomates, les épépiner et couper en dés.

Les haricots secs n'exigeant plus, aujourd'hui, d'être mis à tremper dans de l'eau froide pendant plusieurs heures, les faire d'abord cuire départ à l'eau froide pendant 20 minutes. Puis procéder à une seconde cuisson, également débutée à l'eau froide et conduite à faible ébullition, avec la poitrine de porc, les couennes de porc, les carottes, les oignons piqués de clous de girofle, les gousses d'ail entières et 1 bouquet garni, pendant 1 heure et demie. Saler (très légèrement, si la poitrine est salée) et poivrer à mi-cuisson.

Pendant ce temps, faire dorer les viandes de mouton et de porc dans la graisse d'oie, avec les oignons ciselés, dans une marmite en terre ou, à défaut, dans une cocotte en fonte, pendant quelques minutes. Saler et poivrer. Retirer la viande de porc et la réserver. Ajouter au contenu de la cocotte les gousses d'ail hachées, les tomates et le bouquet garni restant. Mouiller avec le bouillon. Porter à ébullition, puis laisser frémir, à couvert, sur feu doux, pendant 1 heure et demie. Remettre alors la viande de porc dans la cocotte. Poursuivre la cuisson pendant 1 heure.

Retirer du liquide de cuisson des haricots les carottes, les oignons, les gousses d'ail et le bouquet garni. Y mettre les viandes de mouton et de porc cuites, ainsi que le confit et le saucisson à l'ail. Laisser mijoter pendant 30 minutes.

Pendant ce temps, faire cuire à part la saucisse de Toulouse, dans une poêle. Égoutter toutes les viandes et les couper en morceaux. Couper le saucisson à l'ail et la saucisse en rondelles.

Garnir le fond d'une grande terrine en terre avec une couche de haricots. Répartir dessus la poitrine de porc, les couennes de porc, ainsi que les viandes de mouton et de porc. Renouveler l'opération jusqu'à épuisement des ingrédients. Terminer par le confit, le saucisson à l'ail et la saucisse de Toulouse.

Saupoudrer généreusement de chapelure. Arroser de graisse d'oie. Placer la terrine dans un bain-marie frémissant et faire gratiner au four à 200 °C (th. 7), pendant 30 minutes.

Servir dans le plat de cuisson.

- *La même recette peut être réalisée avec du confit de canard.*
- *Les tomates fraîches peuvent être remplacées par 2 cuillerées à soupe de concentré de tomates délayé dans le jus de cuisson des haricots.*

TABLE DES RECETTES

Dépôt légal 2e trim. 2002 n° 2 678

Imprimé en U.E.